本书由商洛学院教育教学改革项目资助
项目名称：大学英语分级教学效果评估研究
项目编号：15jyjx107

跨文化交际下的
KUAWENHUA JIAOJIXIA DE
大学英语教学改革模式研究
DAXUE YINGYU JIAOXUE GAIGE MOSHI YANJIU

何树勋◎著

四川大学出版社

特约编辑：钱佳萍
责任编辑：梁　平
责任校对：张　斌
封面设计：王国会
责任印制：王　炜

图书在版编目（CIP）数据

跨文化交际下的大学英语教学改革模式研究 / 何树勋著. —成都：四川大学出版社，2018.9
ISBN 978－7－5690－2428－9

Ⅰ.①跨… Ⅱ.①何… Ⅲ.①英语－教学改革－研究－高等学校 Ⅳ.①H319.1

中国版本图书馆 CIP 数据核字（2018）第 231705 号

书名	跨文化交际下的大学英语教学改革模式研究
著　者	何树勋
出　版	四川大学出版社
地　址	成都市一环路南一段 24 号 (610065)
发　行	四川大学出版社
书　号	ISBN 978－7－5690－2428－9
印　刷	成都市金雅迪彩色印刷有限公司
成品尺寸	170 mm×240 mm
印　张	8.5
字　数	158 千字
版　次	2019 年 1 月第 1 版
印　次	2019 年 1 月第 1 次印刷
定　价	45.00 元

◆读者邮购本书，请与本社发行科联系。
电话：(028)85408408/(028)85401670/
(028)85408023　邮政编码：610065
◆本社图书如有印装质量问题，请寄回出版社调换。
◆网址：http://press.scu.edu.cn

■版权所有◆侵权必究

前　言

全球化是当今世界最重要、最迅猛的发展趋势和不可阻挡的浪潮。人类科学技术的巨大进步和社会经济的高速发展促进了世界各国人民日益频繁的交往和更加紧密的联系，加快了经济和文化全球化的进程。随着全球一体化的进程，以航空业为代表的快捷交通和以互联网为代表的现代传播与通信手段使世界变得很小很近。各国人民日益频繁的交往和更加紧密的联系使外语特别是英语的使用越来越广泛。不同文化背景的人们从事交际回避不了文化差异问题。在对外交际中，人们如果不了解外国文化，就不可能用外语进行有效的交际。

过往的外语教学重视语言形式和语言技能而轻视文化因素，现在的人们越来越清楚地感觉到，跨文化交际研究和文化教学的背后有一股强大的动力——全球一体化的动力。基于跨文化交际的外语教学已成为一种必然趋势，因此跨文化交际下的外语教学模式改革已经刻不容缓，本书旨在为此做一些理论上的探索与引导。

全书共分为五章。第一章介绍了文化与外语教学的关系，系统概括了文化与语言、文化与思维、文化与交际及文化与外语教学的关系。第二章介绍了英语教学的文化教学，从文化角度出发，探讨了英语教学的理论与实践问题。第三章尝试构建基于跨文化交际的大学英语教学模式。第四章探讨了大学英语跨文化教学中的问题及其成因。第五章是英语教学中的跨文化能力培养，论述如何培养大学生的跨文化交际能力。

本书在撰写过程中参考和借鉴了诸多专家、学者的前沿研究成果与文献资料，在此向相关作者表示诚挚谢意。由于自身水平有限，书中错漏之处在所难免，恳请广大读者批评指正。

著　者

2018 年 7 月

目 录

第一章 文化与外语教学的关系 ... 1
第一节 文化与语言 ... 1
第二节 文化与思维 ... 2
第三节 文化与交际 ... 4
第四节 文化与外语教学 ... 5

第二章 英语教学中的文化教学 ... 32
第一节 英语教学中文化教学的相关理论概述 ... 32
第二节 国内英语文化教学存在的问题与改进路径 ... 49
第三节 英语文化教学的实施与评价 ... 56

第三章 构建基于跨文化交际的大学英语教学模式 ... 69
第一节 文化因素在语言教学中的重要性认识 ... 69
第二节 文化教学与文化培训概念的理解 ... 70
第三节 跨文化交际下大学英语教学模式的构建 ... 75
第四节 外语及文化教学的方法和策略 ... 77

第四章 大学英语跨文化教学中的问题及成因 ... 84
第一节 跨文化交流背景下我国大学英语教学的现状 ... 84
第二节 大学英语跨文化教学中的问题 ... 87
第三节 大学英语跨文化教学问题成因分析 ... 94

第五章 英语教学中的跨文化能力培养 ... 105
第一节 以跨文化能力培养为导向的英语专业培养大纲 ... 105
第二节 跨文化教育教学中教师的角色与作用 ... 108
第三节 跨文化能力培养路径与策略 ... 110

参考文献 ... 127

第一章　文化与外语教学的关系

第一节　文化与语言

每一种具体语言都带有某种印记,反映着一个民族的特点。每一种具体的语言,不论属于哪个民族,都具有确定的性状,其语词、形式和联结方式是承袭下来的,并因此对一个民族产生影响,语言的这种影响,并不仅仅是它对来自民族的影响的反作用,对于这个民族来说,来自语言的这种影响乃是语言原初本性的一部分。例如单词的意义通常是文化所决定或限制的。词汇是构成语言的基本元素,是语言体系的基础,词汇使语言得以表达大量的概念,因为不同的历史、地理、宗教、习俗、生活方式、价值观,不同的语言对同一个单词有不同的解读,不同的语言对客体、事物、经验、感情都有特定的标识和命名。不同文化的特征经过历史的积淀都在词语中留下了痕迹,所以文化差异在词汇层次上表现得最明显。

在语言中,民族特性的类似影响见于两个方面:一是具体概念的构成,二是语言所拥有的一定类型概念的相对丰富程度。形形色色、千差万别的事物,其名称由此会获得同一种色调,它反映出一个民族理解世界的特点。此外,很明显,与某种精神倾向有关的表达会异常丰富,例如梵语有大量宗教、哲学用语。拥有的不同世界观、民族特性也在词的意义上映现了出来。例如:

(1)文化内涵词,即蕴含丰富社会文化意义的词或短语,它们总是同民族的文化背景、风俗、社会制度的变革和社会生活的变化密切相关。

(2)表示同一事物或概念的词,只在一种语言里有文化内涵,在另一种语言里则可能没有;有些词在一种语言里存在,在另一种语言里却没有确切的对应词,在两种语言里,有些词语表面上意义相同,其内涵意义却不同或者相反。

(3)某些概念在一种语言里只有一种表达方式,而在另一种语言里则有多种表达方式。也就是说,另一种语言对这种事物或概念有更细微的区别。例如,汉语中的松、梅、竹,对华人来说,具有特殊的文化意义,是"岁寒三友",代表着君子和品格高洁的联想。但是,对学习汉语的外国人来说,由于缺乏中华文化背景,他们就很难产生这样的联想,很难理解这些单词背后的文化意蕴。同样,美国之音特别英语节目曾做过系列节目《单词和背后的故事》,其中有一集是关于棒球的,这些与棒球有关的词语,对于不熟悉棒球运动的中国大陆地区的人来说,很难理解;但对说汉语的中国台湾地区的人来说,由于棒球运动的流行,在随机访谈台湾元智大学的学生时,发现他们理解起来难度就小得多。可见,文化体现在词语中,词语也反映着文化。

在句法上,英语是一种具有严格语法规则的语言,而汉语的语法规则相对灵活。英语用的是有分支的句子模式:主语和谓语形成全句主轴,如有宾语和补语,可在主轴上延伸,定语及状语则以分支的形式,通过关联词语与主轴相连;汉语则依赖时间顺序,采用线性的句子模式。两种语言的差异与文化传统和思维方式相关。例如在汉语中,动作的发出者常常是句子的主语,句子多用主动语态,体现了中华文化以人为出发点的认知特点;英语常常使用非人称名词作主语,体现了以客观实在为出发点的思维认知模式。英语中被动语态用得很广,尤其是英语科技文体中,使用被动语态成了一种习惯表达;汉语中被动语态却用得少。

语篇连贯指文章中句子之间的语言形式上的连结和句子表达的概念在语义逻辑上的连贯。英语篇章的组织呈直线型,常用演绎,即英语段落通常以一个主题句开头,再按照一条直线展开,在以后各个句子中发展这一中心意思;汉语篇章呈螺旋型,以语义为中心,句子之间没有太多的连词,而是靠思维的连贯、语义的上下呼应来表达完整的意思。

语域指不同的文化背景会对人的言行打上文化的印记,直接影响着他要表达的内容和他对说话人所讲话的理解。例如,汉语和英语的称呼、打招呼与告别、祝贺与邀请、恭维与表扬、委婉语与禁忌语、感谢与道歉、社交礼节等都有不同程度的差异;在非言语交际层面上,例如姿势与动作、体距与接触、衣着、面部表情与目光接触、手势等也有很大的差异。

第二节 文化与思维

语言对人的主要影响涉及它的思维高度,涉及它在思维过程中进行创造的力量与成效,因此,在更深刻的意义上说,语言的作用是内在的和构建性的。思维不仅仅依赖于一般而言的人类语言,在一定程度上也为每一具体的语言所限定。语言相对性指的是语言影响人类思考的程度,人类并不是孤立地生活在客观世界,也不是孤立地生活在一般所理解的社会活动范围中,而是充当表达工具的特定语言的支配者。这些语言成为人们与社会沟通的媒介。事实上,"真实的世界"在很大程度上是无意识地建立在群体的语言习惯上的,不同的文化所生活的世界是不同的世界,而不仅仅是一个贴上了不同标签的同一个世界。我们所经历的就如同所做的一样,因为我们群体的语言习惯上预先设置了一定的阐释选择。语言不仅仅是表达手段,而且更主要的是认知手段;语言不仅是表述已知真理的手段,而且在更大程度上是揭示未知真理的手段;语言主要不仅是供人达到相互理解目的的媒介,而是一个民族进行思维和感知的工具;语言的差异不仅是声音和符号的差异,有时还包括世界观本身的差异。

文化体系具体表现在人们所使用的语言中,在不同的文化下,不同语言所具有的差异又影响着语言使用者的思维方式。语言形成的本身也是文化的一部分,语言通过影响思维方式影响人们的行为,于是研究者将文化与人们的行为联系起来。

语言具有社会性,其发展受到地域和传统文化规范的影响。语言通过一个民族的思维、感觉方式而获得一定的色彩和个性,事实上,这种思维、感觉方式从一开始就影响着语言。世界上各种语言与文字在发音和书写形状方面千差万别,在逻辑推理方式上也截然不同。语言的推理方式就是思维方式的具体表现,思维方式是沟通文化与语言的桥梁。一方面,思维方式与文化密切相关,思维方式的差异,正是造成文化差异的一个重要原因;另一方面,思维方式又与语言密切相关,语言是思维的主要工具,是思维方式的构成要素。思维以一定的方式体现出来,表现于某种语言形式之中,思维方式的差异,正是造成语言差异的一个重要原因。语言的使用体现思维的选择和创造。

中西方思维方式的差异有:伦理型与认知型、整体性与分析性、意向性与对象性、直觉性与逻辑性、意象性与实证性、模糊性与精确性、求同性与求异性、后馈性与超前性、内向性与外向性、归纳型与演绎型。语言的推理方式从语言的行文脉络中就可以看出来,通过比较各种语言的推理方式,研究者在对500篇不同文化背景的英语学习者所写的英语文章进行分析后,发现了英语学习者在逻辑层面和篇章结构上存在的差异,比如来自具有中华文化背景的学习者写作时常常采用迂回的手法。不同的语言文化理解,导致了交流方式的不同,也造成外语写作中的特色与风格。英文式的推理方式以美国人的思维方式为特征:"开门见山"式的开题、不拐弯抹角、直接说出观点,称为垂直思维。东方式的推理方式,称为螺旋思维,思维围绕中心,比较缜密,整个布局就像漩涡。亚洲国家如中国、日本的写作者比较多用归纳式的写作模式,英美写作者常用演绎式的写作模式。

第三节　文化与交际

　　语言交际与文化紧密相连,文化在语言交际中具有重要意义,因为除非我们充分了解使用语言的文化背景,否则我们不能真正获取语言中的信息。文化无法离开人类的参与,人类的参与就要有交际,无论是言语还是非言语,交际与文化都相互作用,这种交互作用使得交际富含文化。文化是交际的基础,在我们的文化中我们学会如何交际,也正是我们的文化教会我们交际什么。交际亦影响文化的结构,交际反映并传播文化,文化告诉我们应该如何说和做,并在我们的交际模式中得到展现。文化和交际前后串联,不可分开:我们常常很难断定谁是声音、谁是回音。跨文化交际指来自不同国家文化的人之间的交际,很多学者将其限定为面对面的交际。当大量的和重大的文化差异导致不同的理解,并产生期望如何去更好地交际时,跨文化交际就出现了。也可以说具有不同文化背景的人从事交际的过程就是跨文化交际。

　　在跨文化交际中,文化差异会导致实际交际模式方面的重大差异。文化和交际这种不可分割的关系意味着在跨文化交际中,真正具有重要意义的是文化差异,尤其是那些属于深层结构的价值观,它们在交际过程中影响着交际的进行。

　　价值观决定着人们交际的方式,人们的语言交际、非语言交际、人际关系都受到价值观的支配,人们交际的方式受到他们价值观的支配。正如交际是价值观的媒介,交际被我们的价值体系所塑造,因为价值观决定着什么值得做、什么不值得做,价值观规定着人们在交际过程中行为的方式。我们的价值观影响着我们交际渠道的选择。

　　中国大学生很多时候会对外教说自己英语说得不好,所以不敢开口,使得外教很奇怪,外教倒是经常鼓励学生说"你的英语比我的汉语好啊"。这背后其实反映出价值观的差异。中国人交际时十分注重谦虚,在交谈和处理人际关系时考虑和谐,中国人信奉"多思、少说、厚积、沉默是金",言谈举止中比较委婉含蓄。这反映在课堂上,会出现有的学生安安静静地坐着不吭声的情况,即使学生知道问题的答案也不会主动回答。这让一名华裔美国籍外教感觉很困惑,她说在美国上课比在中国上课容易,因为在美国课堂上,学生会很积极地配合,而在中国的课堂上,学生则会很安静地等待,使她不知道是自己讲得不好,还是学生没听懂。而一名加拿大籍的外教在课堂上提出一个问题后,结果没人回答,于是他点起一名学生来回答这个问题。学生答了出来,外教费解地问她为什么不主动站出来回答问题,学生的解释是怕丢脸。

价值观影响着我们在社会中的行为,价值观并不描述我们如何在一种文化中活动,但却指导我们应该做什么、不应该做什么。价值观成为我们做出所有决策的基础,并为我们提供标准去评价我们自己和其他人的行为。价值观是人类行为的引导力量,我们所持的价值观与我们交际的方式紧密相连,而交际也反映着价值观。我们做什么或者说什么,一方面反映着我们个人的动机,一方面又受到语境的限制,我们大多数的语言和行为,反映着那些深深嵌入我们头脑中以及我们在社会化的过程中习得的价值观。价值观一般都是通过言语和非言语的行为表述的,口头表述被用来凸显个体或群体特定价值观的重要性,在非言语方面,我们在交际时倾向于通过社会礼节来展示价值观。

人们可以通过言谈中所涉及的内容观察一个人的价值观,也可以通过交际方式和言谈举止观察其价值观。一名外教曾经指出中国学生开口闭口都会引用名人名言,在写作文时更是如此,似乎名人名言就能佐证其观点。即使那个"名人"外国人根本没听说过,或者"名人"所说的名言跟学生所讲、所写的内容完全不相关,学生还是乐此不疲地引用。这背后反映出中国学生比较遵从权威的文化性。

第四节 文化与外语教学

在第一语言习得中,文化的习得和语用规则的习得是与语言习得平行发展的,即生活在母语环境中的人在习得母语的同时也习得本民族的文化。语言的交际功能和传承文化的功能很自然地融合在一起,让人几乎觉察不到这两者之间的关系。但在第二语言的习得中,就往往忽视了文化因素,即在学习外语的过程中,语言的这两种功能的差别就显现了出来。儿童在习得母语的同时也习得了母语文化,外语学习者在学习外语的同时也需要学习目的语文化。正因为语言、文化、交际的密不可分,故在外语教学中一直都在进行着文化教学。语言并不只是一些语言形式或者语言规则的排列组合,学习和使用外语的过程其实就是一个跨文化交际的过程,文化是影响跨文化交际的重要因素。与外国人交往的能力不仅取决于外语技能,还取决于对目的语文化习俗的理解,而且跨文化理解是现代国际社会中教育的目的之一,因此有必要在外语教学中进行文化教学。

文化教学对语言教学至关重要,它可以使语言学习者在语言学习过程中理解和接受异域文化,达到良好的跨文化交际的效果。国内外的语言教学界达成的共识就是文化教学是语言教学不可或缺的一部分,语言教学就是文化教学,文化教学中的文化包括民族的历史、传统、宗教、价值观、世界观、风俗习惯、社会组织、社会制度等。需要指出的是,并不是说一个人没有外国文化的知识就不能够进行交际,交际可以随时发生,甚至没有学过目的语的人也可以进行交际,例如通过翻译、手语、别人的帮助来沟通。但是世界上并不存在完美的翻译,不同语言在不同文化背景中产生,不可能完全一一对应。也许有物质名字可以对应,但感情因素、信仰因素就不能完全对应上,甚至不能翻译,所以有效的交际就十分困难。仅仅具备语言结构方面的知识还不能够洞察目的语文化的政治、社会、宗教或经济等,只能从单一的角度来感知、理解、形成和表达思想,这种单一视角会导致狭隘的自满和自满的狭隘。

大学英语教学中的文化教学应该致力于培养大学生的文化敏感性和应对文化多样性的能力,以提高全民族的文化素质。针对我国大学英语的教学对象即非英语专业的大学生来说,学习目的语的过程一定会伴随着学习目的语文化的过程,这是学生开阔视野、建立文化身份、培养批判性思维方式、学习包容和审视目的语文化和母语文化的过程,而且目前理想的学习目的语文化的场所就是外语课堂,所以必须在关注语言教学之外系统地进行文化教学。

在外语教育界,人们普遍认为,衡量现代外语人才的重要标准是看他们是否具有文化认知能力和跨文化交际能力。由于跨文化交际学的引入,外语教学已经进入了一个新的时代——跨文化交际的时代。如今的跨文化交际英语教学是一种崭新的教学理念和教学模式。它是区别传统英语教学,体现英语教与学真实目的的实用教学模式,英语教学界已把是否将跨文化交际纳入英语教学内容作为区别传统英语教学和现代英语教学的主要标志之一。

一、文化教学回顾

外语教学从最开始就伴随着文化教学,文化一直都是其教学内容的一部分,只是人们没有意识到而已。当然在外语教学中有意识地进行文化教学已经有很久的历史了。由于各个国家的教育体制和语言环境不尽相同,其外语教学呈现出不同的特点,其文化教学的理念和方式也各不相同,但是文化教学在外语教学中的发展轨迹大体相同,反映了广泛的国际交流与合作对教育所产生的影响。

一百多年来,外语教学中的文化教学经历了从注重阅读能力的培养,到注重交际能力的培养,再到现在关注跨文化交际能力培养这3个主要阶段,形成了两种教学方法——文化知识传授法和文化过程教学法,出现了4种教学模式——外国文化模式、跨文化模式、多文化模式和超文化模式。无论美国、欧洲还是中国,文化在外语教学中的作用和地位变化基本上都经历了上面3个阶段。这一发展历程证明外语教学的历史就是其不断改革、适应外部环境和满足社会发展需要的历史。跨文化交际能力的概念在跨文化交际学和外语教学之间搭起了一座桥梁,将这两个学科紧密地联系起来。

外语教学最初是为了满足少数精英人士阅读和翻译外国文学作品(包括一些宗教书籍)的需要,因此文学作品在当时,甚至随后很长一段时间,都是外语教学的主要材料。由于文学作品蕴含丰富的文化内容,是反映文化现实的最佳途径,所以最初文化进入外语教学就是通过文学作品实现的,学习者在阅读文学作品的过程中,了解到一些关于目的文化的信息。随着外语教学的逐渐普及和听说法的推广,人们学习外国语言的动机和目的不再局限于文学作品的阅读和翻译,人们认识到学习和了解目的语国家的相关文化背景十分重要,因此外语教学课程中开始设置英美概况等课程,这些单独开设的文化课程成为文化教学的主要渠道。到20世纪80年代,交际法外语教学的兴起使文化教学的内容扩展到目的文化的日常生活、学习和工作的各种情景所包含的文化习俗和规范。然而,无论是通过文学作品、背景介绍,还是外语交际练习,文化教学都以辅助外语语言教学为目的,处于附属地位。而且,这样的文化教学没有明确的目标和系统,在教学大纲、教材编写、教学设计和测试中没有得到理论工作者和外语教师应有的认可。

令人欣慰的是,经济全球化给不同国籍、不同语言、不同文化的人们以相互交流的机会,跨文化交际变得日益频繁。20世纪90年代,外语教学界对文化教学地位的认同感得到了加强。在欧美各国,文化教学的目标和要求在全国性的外语教学大纲中都已得到明确的体现。近年来,我国教育部颁布的《高等学校英语专业教学大纲》和《大学英语课程教学要求》都将培养学生语言综合应用能力和跨文化交际能力作为重要培养目标。但是在大纲的主体,即教学要求、教学内容、课程设置、测试评价等方面都没有针对跨文化交际项目进行描述。因此,在外语教学中进行文化素养和综合素质培养的目标显得有些空洞,这需要各个学校制定具体的跨文化外语教学大纲,教师严格执行教学大纲,方能保证上述目标得以实现。

文化教学所经历的3个阶段同时也反映了两种主要的文化教学方法:任务教学法和过程教学法。文化任务教学法就是针对文化知识的传授方法。教师采用这种方法传授一个国家或语言群体的文化事实,即文学艺术、历史地理、宗教政治、道德法规、价值观念、风俗习惯等。教师一方面介绍有趣的文化背景知识,刺激学生学习外语的积极性;另一方面通过文化专题讲授,使学生掌握目标语典型的文化知识。然而这种文化教学法有致命的缺陷:它将语言与文化分割开来,使文化内容显得零碎、缺乏系统。因此,这种方法受到很多欧美学者的批评。文化过程教学法以文化学的文化定义为基础,将文化看作是一个社会构造系统,是一个不断发展的变体,而不是一个静止不动的实体,文化教学过程就是一个包括文化知识、技能和态度等的建构过程。文化过程教学法强调文化的系统性、文化与语言的关联性,并承认文化是语言教学的有机组成部分。文化过程教学法的优势和特点非常明显,但是由于它将文化学和跨文化交际学的思想和方法引入外语教学,使本来已经相当复杂的外语教学研究领域更加庞杂起来。

瑞萨格尔分析了欧洲外语教学的发展历程,归纳出 4 种适合不同社会发展需要,但又能同时并存的外语和文化教学模式:

(1)外国文化模式;

(2)跨文化模式;

(3)多文化模式;

(4)超文化模式。

外国文化模式的基本内容以一种文化、一个民族、一门语言和一个具体的地域为基础,简单地说就是以目的语言及其相关的文化为教学内容,不涉及目的文化与本族文化和其他文化的关系,也不注重文化内部各个亚文化之间的差异,是一种单一文化的教学。语言教学以 native speakers 的语言水平为目标。这种外语和文化教学观念长期主宰着外语教学界,虽然从 20 世纪 80 年代起,在美国和欧洲一些地区新的观念开始取代外国文化模式,但是在中国和其他很多地区,外国文化模式还相当盛行。

跨文化模式是基于这样一种观点:不同文化之间有着必然联系。它除了继续强调目的文化的教学之外,还将目的文化与本族文化的关系纳入教学内容,主张进行文化比较,来消除文化中心主义思想,培养文化相对论的思想。目的语言和文化是教学的重点,只是教学目标不再要求学习者成为 native speakers,而是在两种文化之间搭起一座桥梁,用目的语言与 native speakers 进行交流往来。这一外语和文化教学思想从 20 世纪 80 年代开始逐渐流行。美国、英国等国都在教学大纲中明确了外语教学要增强学习者对目的文化和本族文化的理解的要求。

多文化模式强调文化多元化的现象,同一社会和国家存在多种不同的文化群体,尤其是在人口流动频繁的今天,多元文化和多种语言并存几乎是每个社会和国家的普遍现象。因此,外语教学必须适应这一形势,不仅要帮助学习者了解目的文化和本族文化,而且也要使他们认识到目的文化和本族文化中亚文化(如少数民族的文化)的存在和特点,以及世界其他主要文化群体的存在和特点。外语学习的目的仍然是培养学习者跨文化交际的能力,所不同的是,native speakers 不再是外语学习的目标。多文化外语教学在文化多元现象突出的美国和欧洲已经得到重视。外语教学究竟应该以哪种文化为目标进行教学一直是一个令人困扰的问题。世界人口的流动,大众传播的发展,经济全球化的推进使得各种文化之间广泛接触,相互渗透,语言和文化现象变得极为复杂。

面对复杂的文化和语言选择问题,超文化模式以个人生活和跨文化交际的需要为出发点,提出采用第三种语言(即中介语)和第三种文化身份的语言和文化教学模式。这一思想受到很多外语教学和跨文化交际专家的积极响应,成为目前文化教学最新潮的模式。瑞萨格尔的分析着重从文化教学的角度概括外语教学的历史和现状,揭示了外语教学顺应社会发展需要所经历的变迁,虽然没有介绍这些方法的优势和不足,也没有具体阐明它们如何应用于课堂教学实践,却对我们继续深入探讨文化教学具有很大的启发作用。文化作为外语教学的有机组成部分已经被各国的外语教学工作者普遍接受,由于社会环境和历史背景不同,文化教学研究和实践各具特色。培养学习者对异域文化的认知能力与跨文化交际能力,避免外语应用过程中可能出现的文化冲突已经成为外语教学的重要目标之一。由于各个国家的教育体制和语言环境不尽相同,其外语教学呈现出不同的特点,其文化教学的理念和方式也各不相同,但是文化教学在外语教学中的发展轨迹大体相同,反映了广泛的国际交流与合作对教育所产生的影响。

1. 美国外语教学中的文化教学

20 世纪 60 年代,美国经济较为繁荣,人们热衷于出国旅游和学习,美国政府不断地向世界各地大规模地派遣和平军。这些出国人员需要跨文化交际能力,他们迫切需要接受目的语言和文化的培训。为了满足当时的社会需求,很多培训机构为出国人员开设了跨文化培训课程,从而促成了跨文化交际学的诞生。与此同时,美国外语教学界也开始关注语言文化教学。1960 年美国东北外语教学会议将语言文化教学确定为当年会议的主题,会后将题为《语言学习中的文化》的会议报告以书的形式出版发行。1972 年和 1988 年又举行了第二次和第三次东北外语教学会议,会议的主题依然是研究和探讨语言文化教学,尤其在第三次会议上着重研讨了如何在课堂上将语言和文化进行兼并教学的问题,会议宣读的论文大都集中反映了当时的外语教学中文化教学的研究成果。

美国教育部有一个下属的语言教学研究机构 CARLA(语言习得高级研究中

心），该研究机构为语言教学中的文化教学研究和推广做出了巨大贡献。CARLA 于 20 世纪 90 年代举办了多次全国性的主题为"以文化为核心进行语言课程改革"的研讨会，并承担了多项跨文化教学的研究项目。其文化教学的研究成果与实践经验，为当时和以后的文化教学研究和实践指明了方向。CARLA 的研究成果推动了美国的外语教学改革，因此美国教育部根据新的教育形式和要求，修改了外语教学的全国标准，即全美外语教学大纲，重新制定了外语教学目标，确定了文化教学在外语教学中的重要地位。美国新的外语教学大纲作为一种国家文件具有很强的指导性和影响力，推动了文化教学的研究和实践，促进了文化教学的普及和深化。该大纲的教学目标由"Communication，Cultures，Connections，Comparisons，Communities"五项组成，其中两项与文化教学有直接关系，另外三项也与文化教学密切相关。而且大纲还规定了文化教学的标准：

（1）Students demonstrate an understanding of the relationship between the practices and perspectives of the cultures studied.

（2）Students demonstrate an understanding of the relationship between the products and perspectives of the cultures studied.

在这个文化教学标准中，perspectives，practices 和 products 是中心词。perspectives 指的是所学文化的意义、态度、价值观念等，practices 是指文化成员在社会中的交往模式，products 则是指衣食住行、音乐美术、法律条文等。文化教学的根本目的就在于理解目的文化的价值观念和意义系统与其成员所表现出来的言行和社会现实之间的关系。这套标准成为随后美国外语教学改革的核心内容。在这套全国外语教学标准的指导下，美国各州相继修改了自己的教学大纲，纷纷在教学实践中贯彻这一改革精神。一股"跨文化交际研究与跨文化外语教学"的热潮在全美蔓延，并迅速扩展到其他西方国家，翻开了语言文化教学新的一页。此时，外语教学中的文化教学和跨文化交际培训在美国已成为文化教学的两大阵地，两个领域相互沟通，有机结合，相得益彰，大大推动了美国外语教学中的文化教学。

这种将语言和文化教学相结合的形式不仅大大提高了学生学习外语的积极性，而且使学生可以通过跨文化交际与理解，领悟到世界是多元的，文化是不同的，人们的文化背景差异是很大的。通过跨文化外语教学和跨文化交际培训，学习者逐渐克服了单一狭隘文化观念的束缚，逐步修正了原来对世界的片面认识，从而慢慢形成对别国文化较为客观的认识。

2. 欧洲外语教学中的文化教学

欧洲很早就开始了文化教学，但是真正把文化教学与外语教学相结合只是过去三十多年的事。凭借良好的合作条件，欧洲各国的文化教学研究发展迅速，而且理论研究与教学实践紧密联系，因此欧洲的文化教学取得了巨大的成功。

20世纪70年代至90年代欧盟进行了四次改革，其目的是提高外语交际能力，加强成员国之间的相互了解和合作。交际法外语教学的出现在很大程度上迎合了这种需要。但是就培养跨文化交际能力而言，交际法外语教学还存在很多不足，特别是对语言和文化在外语教学中有机结合的广度和深度研究不够。因此，从20世纪80年代开始欧洲进行了一系列大规模的语言教学改革和文化教学研究。许多欧洲国家开始改变为采用"语言加文化"的传统方式来处理语言文化教学。有的国家明确地将社会文化的内容通过其他科目加进语言课程，各国开始重视在外语教学中与外语本身紧密相关的社会文化因素。1988年欧盟出版了两本关于文化教学的论文集。论文的内容涉及文化教学的模式、文化学习的方式、课堂文化教学实践、跨文化交际能力培养。1989—1996年，欧盟实施了一项旨在提高外语学习者的社会文化能力和跨文化交际能力的现代语言计划，即"欧洲公民语言学习计划"。英国学者拜仁和法国学者扎雷特是这个语言计划的负责人，他们带领欧洲各国语言专家对外语教学中的社会文化因素进行了广泛深入的研究，对各种语言文化教学方法进行了实践，取得了很多有价值的文化教学成果，保证了"欧洲公民语言学习计划"的圆满完成。

欧洲各国的语言文化教学的发展具有自己独有的历史和社会背景，与美国的情形不尽相同。第二次世界大战以后，欧洲各国的外语教学主要采用美国的听说法，在各学校的外语教学中，语言知识的讲授和语言技能的训练在外语教学界的学术地位很高。由于受到欧盟"欧洲公民语言学习计划"这一大型研究项目的影响，欧洲各国纷纷主办文化教学研讨会、讲习班和实验课，从而极大地提高了教师的文化教学意识，促进了文化教学思想理论的推广和应用。英国杜伦大学教育学院与法国教学研究院进行了一个合作研究项目，该项目采取实验课程的形式，旨在改革现行文化教学，创建一套系统的文化教学的理论和方法。该实验课程确定了明确的文化教学原则、教学内容和教学目标。教学原则为循序渐进原则和授之以渔原则，即帮助学生学会独立学习。教学内容为围绕法国文化的5个侧面展开教学演示：家庭、教育、工作、地域特点和政治。教学目标：使学习者能够设身处地地理解法国人，对做一名法国人有一定的感受；掌握法国文化的一些关键的知识；利用人种学文化研究方法的某些技巧来接触、观察和了解外国文化，并培养较强的好奇心、开放的态度和独立研究和学习的能力；增进对自己本族文化的理解，将本族文化置于具体时间、具体地点，相对、客观地去看待和分析，而不是将其作为规范；认识到语言与文化之间的密切关系,对具体的语言和非语言交际行为有所了解,并能恰当地使用这些知识;对法国人及操其他语言的人们抱积极、肯定和感兴趣的态度。参加实验课程项目的外语教师设计了一系列新颖的教学方法以实现以上教学目标。这一实验课程的结果在欧洲具有很高的文化教学参考价值。

3. 中国外语教学中的文化教学

纵观国外文化教学的发展,人们不难发现外语教育中的文化教学常常受社会政治文化因素的影响,必须适应社会发展的需求。相对于美国和欧洲国家而言,我国文化教学研究和实践显得相对落后。

20世纪80年代初,中国开始出现文化教学的讨论。但是中国当时较为保守和封闭的文化传统、对外来事物的政治化与过分谨慎的态度在很大程度上影响了人们对文化教学的认识,妨碍了文化教学的有效开展。

20世纪80年代的文化教学状况不尽如人意。一些外语教师只是凭自己的兴趣和偏好附带地给学生介绍一些外国文化知识,开展一些与文化有关的课堂活动,但这些教学活动并非真正意义上的文化教学。一是当时没有专门的文化教学大纲和配套的教材,二是缺乏科学的文化教学理论与方法。

到了20世纪90年代,我国外语教学界引进了国外跨文化交际学说并尝试了各种新的外语教学法理论。在很短的时间内我国的语言学家、应用语言学家、对外汉语教学专家和外语教师在文化教学问题上达成了共识。这个共识就是:文化教学是外语教学中不可缺少的组成部分。我国学者和外语教师在文化教学研究和实践方面做了不少的工作。邓炎昌、刘润清、顾嘉祖、王福祥、吴汉樱、胡文仲、高一虹、陈申、王振亚等知名学者都先后著书立说,对语言和文化、语言教学和文化教学进行研讨。另外,无数外语教师在教学第一线对文化教学理论深入实践,对文化教学方法努力探索。半个多世纪以来,教育部制定和颁布了几十种大、中、小学英语教学大纲,这些全国性的外语教学指导文件,促进了中国外语教学整体水平的不断提高,同时体现了中国外语教学的发展历程,是中国外语教学逐渐走向成熟的有力见证。然而,就文化教学而言,所有教学大纲都存在缺陷。例如,我国教育部制定的《高等学校英语专业教学大纲》和《大学英语课程教学要求》在论述教学目的时都强调了学习外国文化、培养文化素养和综合素质的重要性。但是,两份大纲都是围绕语言教学制订的,没有对文化教学目标、教学要求、教学内容、课程设置、教学方法和教学测试做出明确规定,即没有针对跨文化交际项目进行描述。因此,在外语教学中进行文化素养和综合素质培养只是一句空话,最多只能依靠教师自己的理解和经验,偶尔在有限的范围内向学生介绍一些零星的文化知识,组织简单的课堂活动。这类文化教学活动大都过于简单,远非真正意义上的文化教学。其后果是学生文化技能和跨文化交际能力都远远低于他们的语言能力。

到目前为止,关于语言和相关文化是否可以分割的辩论,关于要不要在外语教学中导入文化教学的争议都已成为历史。但是,对于如何在外语教学中实施文化教学这个问题的探讨正方兴未艾。新观念、新方法、新建议层出不穷,众说纷纭,百家争鸣。争论的焦点始终围绕在四个关键性的问题上:其一,外语教学中的"文化"究竟是指什么?其二,如何构建一套较为完整的理论框架来指导语言文化教学实践?其三,采用什么样的教学手段使外语和相关文化有机融合,以使外语学习者既习得语言又习得文化?其四,建立什么样的跨文化外语教学模式最适合中国国情?

二、大学英语教学中的文化教学误区

(一) 深层文化教学问题

对于大学英语教学、提高学生跨文化交际能力,很多专家学者都提出了建议。例如在传授语言知识和进行语言能力训练的同时培养交际能力,尽可能具体化、形象化地传授文化背景知识,重视比较中外文化的差异,组织生动活泼的活动(如表演、讲座等),以提高学生的兴趣和积极性。这些讲解和活动无疑是必要和有用的,但是这些文化教学并没有触及目的语文化的核心。

1. 深层文化的内涵

英国文化人类学家创始人爱德华·泰勒于1871年第一个提出文化的定义后,各门学科从不同侧面分别对文化进行了定义。

文化是知识、经验、信仰、价值观、行为、态度、意义、层级观、宗教、时间概念、角色、空间关系、宇宙观累积的沉淀物,是人类千万年来通过个体和群体的努力获取的物质对象和精神财富。

文化可分为表层文化和深层文化,表层文化指已暴露的文化,包括服装、道路、建筑物、饮食、家具、交通工具、通信手段、街道、村庄等。深层文化的范围远远超过表层文化,诸如思想、信念和评价之类的属于深层文化。深层文化主要是指软文化,即精神文化,其主要埋藏物是观念(包括传统观念与当今观念),而观念的核心是价值观念,深层文化包含的主要成分是观念,包括人权观、劳动观、婚姻观、发展观、宗教观、法制观、道德观、个体与群体观,价值体系是各种观念的核心,是文化的深层内核,是民族文化的精神实质,决定着文化的特征和风范。

文化总是在不断发展的,只有深层文化不太容易改变。文化"深层结构"是指一个文化不曾变动的层次,它是相对于"表层结构"而言的,在一个文化的表面层次上,自然是有变动的,而且变动往往是常态。一个语言群体中的人按照他们的深层文化价值观来行动。

价值观是文化的核心,文化的其他部分像是洋葱的皮一样层层包裹着核心:

(1)外层的皮是文化的可见部分,而内层就是文化的不可见部分,层与层之间都有连结,内层可以影响外层(不可见的部分影响着可见的部分)。

(2)最外层是符号,即词汇、手势、图画等;其次是英雄,即活着或死去的人物,真实的或想象的,只要他具有在一个文化中被高度赞扬并成为行为楷模的特质;再其次是仪式,指为达到理想的目标在技术上并不必要的集体行为,但在一个文化中它是必需的,因为它使得个体限制在集体的准则内;最核心的是价值观。

(3)学习文化,不仅要学习表层的文化(文学、艺术、食物、衣饰等),还要学习文化的核心(人们的价值观、信仰),这样才有助于我们更好地理解文化和与对方交际。

文化冰山论将文化喻为冰山(文化有可见和不可见的因素),文化中只有一小部分是可见的,例如食品、衣服、图画、建筑、舞蹈等,这些是视觉可以触及的。文化的更大部分隐藏在冰山下,例如观念、态度、喜好、爱、恨、习俗、习惯等,这些是触及不到的非物质存在。

2. 目的语深层文化教学的问题

语言是人与人相互接触时所使用的交际工具,是人与人之间传达信息或表达思想的媒介,语言不仅是符号系统和交际工具,也是使用这种语言的民族历史文化的载体。语言就像一面镜子,反映了民族历史、文化、心理素质的深层结构,隐形地规范着一个民族看待世界的价值标准和思维方式。相对于文化的深层结构而言,语法规则只是语言的表层结构。文化的深层结构包含世界观(宗教也可作为一种世界观)、家庭观和历史观等。

世界观是一种文化对于神、人性、自然、宇宙、生、死、病以及其他与存在相关的哲学问题的取向,而宗教是文化中形成世界观的重要因素。家庭是最先教会孩子接触文化的,影响其观念和交流。历史则是传承过去的故事,影响观念并教会群体身份、忠诚和为什么而奋斗。

在英语教学中加强文化教学,更重要的是要关注到文化的深层结构、深层文化的差异,要注意大学英语教学中对目的语深层文化的忽视。中国学生在跨文化交际时犯文化方面的错误,表层文化的错误是容易改正的,但是那些和价值观、信仰等有关的"深层结构"错误,需要更多的努力和时间才能改正。由深层文化引起的错误比语言错误后果更为严重,很可能导致中国人和外国人在交际中的不愉快。例如社会学系的一名学生因故没去上外教的一次课,后来在校园里偶然碰到了外教,外教向学生述说由于她生病了,所以那节课没上成,这名学生听后高兴地说:"这下太好了,我没缺课! 我还担心自己错过了你的课呢!"结果他发现外教不太高兴。学生觉得不落下课程是重要的,他这样说实际上是想向外教表达他喜欢外教的课程,是对外教的一种褒奖,同时也表明自己是一名很用功的学生。但是外教觉得人是最重要的,她生病了,学生不但不表示关心反而如此高兴,真不可思议。学生表述时没有犯语法错误,却表现出两种文化由于深层原因在对待事物时价值观上的差异。

在培养非英语专业大学生跨文化交际能力的文化教学过程中,我们忽视了一个极重要的方面,即深层文化的输入,大学生在大学英语的课堂中触摸到的基本上是目的语文化的外壳。大学英语教学关注了传授语言知识和进行语言能力训练,在传授文化背景知识时尽可能地具体化、形象化,组织生动活泼的活动,如表演、讲座等,重视比较中外文化的差异,但是做了很多努力之后,发现学生的跨文化交际能力依然没有很大的提高。这具体表现在对学生进行文化背景的教育时,我们往往忽略了宗教等对世界各国、各民族都产生重要影响的现象。

自远古以来,宗教为世人提供了建议、价值观和引导,宗教努力去解释那些无法理解和解决的人生概念,宗教解决的是生和死的本质、宇宙的创造、社会和群体的源起、个体与群体的相互关系,以及人与自然的联系等问题。我们知道在过去一万年间,地球上还没有哪个群体的人是没有宗教的。不论是发达国家还是发展中国家,它们的人民多数是信仰宗教的。从整个人类的历史来看,宗教自原始社会产生以来,至今还对哲学、历史、文学艺术、科学产生着影响。因此,不研究和不了解宗教和宗教的历史,就很难全面地了解世界和中国的哲学史、思想史、政治史、科学史和文学艺术史。

许多大学生的目的语为英语,主要英语国家的宗教信仰是基督教(包括天主教和新教)。以美国为例,根据2001年4月进行的盖洛普民意调查,82%的美国人称自己是基督徒,10%的被调查者将自己归入基督教以外的信仰类别,8%的人说他们没有信仰。

一个明确又响亮的信息是,美国人强有力地将宗教与个人伦理和行为等同起来,认为如果人们更多地信仰宗教,那么,犯罪、贪婪、为人父母而不负责任、唯利是图等问题就会得到缓解。《圣经》是世界闻名的巨著,是世界上销量最大、读者最多的书,一千多年来没有第二部书能像《圣经》那样对西方文化产生如此巨大深刻的影响。没有哪部书能像《圣经》那样以如此奇妙的方式把历史、诗歌和哲学统一起来;更不必说《圣经》反映了一个极其纯朴的远古时代的精神,以及生活在该时代的有崇高精神的个人。随着中国进行改革开放,加入全球市场交易和竞争,西方文明对我们社会生活的冲击就很难避免了。《圣经》是现代资本主义的一些核心理念、道德信仰、法律原则和文化价值的渊源,在对学生进行目的语文化输入时,我们遗漏了这重要的一环。

(二)目的语历史文化内容的缺失

借用黄仁宇先生大历史的概念,在大学英语的课堂教学中,对学生进行跨文化交际能力的培养、有意识地输入目的语文化时,要有大文化的视野。但在实际的教学实践中,处理文化元素的方式却是任意和缺乏计划的,学生也只根据他们自己的兴趣来选择。比如在讲运动时补充介绍美国的美国职业篮球联赛;在讲食品时介绍美式快餐;讲节日时介绍圣诞节和感恩节;讲色彩时,说明红色在中国人和西方人眼中的不同;讲词语时,说明中国人崇拜龙,而西方人则认为龙是怪物等。这些文化背景知识、文化元素的输入使学生对目的语文化加深了了解,在跨文化交际中也是必要的,但这些散乱的介绍实际上割裂了文化的历史性和关联性。霍尔指出文化的各个方面都是相互联系的,一旦你触及文化的某个方面,其他方面都会受到影响。

从微观方面,以美国总统大选为例,它涉及美国的两党政治、独立候选人、选举团制度、媒体的作用、黑人和少数民族以及妇女的投票权、第三党、国内国际政策等各个方面。如果在文化的输入中只关注某一点就会割裂整条文化链,反映在学生身上就是一知半解、似是而非。

《新视野大学英语读写教程》中第 1 册 Unit 7、第 3 册 Unit 1,共 6 篇课文,《全新版大学英语综合教程》中第 3 册 Unit 3,共 2 篇课文,涉及西方国家尤其是美国的社会安全问题,课文内容暗示出美国人合法持枪造成的社会治安问题。与此同时,学生们在生活中接触到的新闻媒体也经常提到美国校园枪击案,有学生和教师出现伤亡,媒体热衷报道一些有轰动性效应的新闻,课本内容又未能全面介绍与此社会问题相关的文化背景,造成学生在认知上出现了偏差,例如社会学系的一名学生在和外教交谈时常常会提到美国的治安不好,没有安全感,还会询问外教有没有枪,当得到的答案是没有时,学生怀疑外教是不是在隐瞒。当遇到了一名华裔美国外教,这个学生又询问同样的问题。这位华裔美国外教明确地告诉学生说他没有枪,而且他居住的地方很安全,他可以深夜在屋外漫步思考,而不担心被抢劫或受到伤害。实际上学生对美国人合法持枪的认知局限于书本和媒体,课文选择的内容也背离了选择教材文化内容的原则。美国人崇尚枪支的文化、合法持枪的背后,是与当初美国人开拓西部时需要武器保护自己,与美国人的拓荒心态相关,同时拥有枪支也是美国宪法第二修正案赋予美国人的权利,不少美国人不把枪支当作一种工具,而是当作一种权利。并不是说宪法给了人民拥有武器的权利,而是说人民拥有武器的权利不可侵犯,这种权利在美国人看来不是任何人给予美国人民的一种恩赐,而是一种天赋人权,宪法规定的是任何人都无权对这种权利进行侵犯,人民有持枪和组织武装团体的自由,这是用于防止政府权力无限扩张的一种预防措施。

  在对非英语专业大学生进行目的语文化输入时,应考虑到如英国、美国、加拿大、澳大利亚等以英语为母语的国家,其文化背景也是不同的,进行目的语文化输入时应考虑这些国家文化的共性和差异。从目前全国重点高校主流的、使用最广的两套大学英语教材来看,其中的课文绝大部分是选自美国的作品或是美国人的作品。《新视野大学英语读写教程》共120篇课文中,除去48篇课文没有确定其内容具体与何国家相关外,其余的72篇文章中,与美国有关的文章有55篇;《全新版大学英语综合教程》共64篇课文中,除去13篇课文没有确定其内容具体与何国家相关外,其余51篇文章中,与美国有关的文章有45篇。教材中很明显对其他英语国家的文化是忽略的,过于突出了美国文化,容易造成学生对英语国家文化上的误解。在学校的暑期英语强化培训课程中,学生同时接触了不同国籍的外籍教师后,发现英国籍和美国籍教师在服装、语音、待人处事的方式都有很大不同。

  实际上进入20世纪尤其是第二次世界大战后,随着美国崛起为超级大国,其影响力不断扩展,其文化也借助政治和经济实力辐射全球,造成"美国化"现象。美国人的文化中心主义和文化扩张其实是欧洲文明向全球扩张的结果,美国人认为自己应该接替欧洲向全球传播民主、自由与文明,但是美国遵循的文化中心主义和话语霸权的逻辑阻碍了文化间的平等对话。因为世界是多元的,美国人借政治、经济上的优势来推行美国化,结果造成文化主体间的不平等。例如加拿大人就不满美国文化霸权,该国前文化遗产部部长希拉·科普斯曾警告说,各国有在全球单一的美国化中丧失自我的危险。德国前总理施密特则认为全球泛滥的美国式"伪文化",正在侵蚀德国的民族传统,即便遭到失败,德国人也要在压力面前捍卫自己文化的特性。法国则疾呼在全球化中保持"文化多样性"的意义,希望以平等对话的方式保护文化多样性,消除潜在的一元化危险。西方各国很注意保护自己的独特文化和传统,避免在全球化中丧失了自己的民族特性。因此从目的语文化的角度看,大学英语教材中间应涉及不同目的语国家的文化特征和差异,避免学生在学习目的语文化中学成了"美国化"。

学生的学习对象是英语,目的语文化简称为英美文化。因此在目前对学生进行跨文化交际的目的语文化输入时,仅限于对英语国家的文化介绍。韦伯将全球分为五大历史文明:儒家文明、佛教文明、基督教文明、伊斯兰教文明、印度教文明。施宾格勒在《西方的没落》中划分出八种文化历史类型:古典文化(指古希腊文化)、西方文化(指中世纪以后的西欧文化)、阿拉伯文化、埃及文化、印度文化、中华文化、巴比伦文化、玛雅文化(墨西哥文化)、俄罗斯文化。英国历史学家汤因比在《历史研究》中认为所有已知的文化都是由世界宗教(基督教、伊斯兰教、佛教等)哺育的,是人类同一棵"历史树"上的枝杈。他划分出21个文化类型,5个停滞的文明,3个流产的文明。21个文化类型为:西方、拜占庭东正教、伊朗、阿拉伯、印度、中国、希腊、叙利亚、古代印度、古代中国、米诺斯、苏美尔、赫梯、巴比伦、埃及、安第斯、墨西哥、于加丹、俄罗斯东正教、朝鲜与日本。亨廷顿列举了当代的主要文明:中华文明、日本文明、印度文明、伊斯兰文明、西方文明、拉丁美洲文明、非洲文明(可能存在的)。亨廷顿认为西方包括欧洲、北美加上其他欧洲人居住的国家,如澳大利亚和新西兰。从历史上看,西方文明是欧洲文明。在现代时期,西方文明是欧美文明或北大西洋文明。

某学校曾经请一名加拿大籍教师讲授加拿大文化,外教却感到很困惑,她说没有加拿大文化,只有西方文化这样的讲法。从以上分析可以看出英美文化应属西方文化,深受古典文化的影响并延续其生命力。古希腊是西方文明的渊源,它在哲学、艺术、文学等方面构建了西方文明的坚实基础,而古罗马第一个真正奠定了现代政治基础。英国在政治制度和文化层面上,其宪政继承罗马共和国的政体原则,文化上继承古罗马的哲学以及注重历史和经验的传统。美国宪法的共和主义精神受到罗马精神的强大影响,它是在罗马模式、英国宪政基础上构建的。美国政治家威廉·麦克雷在提到制宪会议时,一向反对割断它和美国建国前的历史联系,反对把美国说成是石头缝里蹦出来的,或者是一群人凭空设计出来的,美国的制度是西方文明长期演进后结出的一个果子。因此在大学英语教学和研究中,目的语文化应被置于一个更为广阔的空间和时间中,这样才不至于割裂其历史的传承。

英美文化中极为重要的法律文化即源于古罗马。在古罗马最早出现的是市民法,后来的民法即源于市民法。在古罗马,所谓市民法适用于罗马公民,而所谓

"万民法"适用于外国人以及外国人与罗马公民的关系。国际法这个词的词源,可以追溯到罗马法。国际私法作为一个主要解决法律冲突的部门法,其最早的理论基础孕育于古罗马的万民法。公元212年,市民法和万民法合而为一,罗马法宣告统一。罗马法是古代法中反映商品生产和商品交换最完备、最典型的法律。在西方法学界有"罗马法为私法之典范"一说,足见此法对后世之影响。

当今世界两大法系,法、德、日等国是大陆法系,英、美等国是英美法系。罗马法对两大法系都有极为重要的影响。而17世纪的清教徒移民在新大陆学会如何养活自己之前,正式的契约和法规就已出现。18世纪英国首相老威廉皮特形容财产权对人的神圣性:即使是最穷的人,在他的破屋里也敢于对抗国王的权威——风能进,雨能进,国王不能进。英、美等国16世纪开始先后走上自由宪政之路。英国宪政是以私有财产制度为基础的,而私有财产观念可溯源自《圣经》。时至今日还可以从英、美外籍教师常说的"一个人的房子就是他的城堡"中窥见英、美等国家对个人隐私、私有财产的保护。所以英美深刻的法律文化必须置于更广阔的时空中,才能还原其本来面目。可见在大学英语教学中,如果仅仅满足于简单介绍英美国家律师、法官或几个典型案例,是不可能做到让学生全面理解目的语的法律文化的。

我们的学生在和外教,尤其是和美国籍教师交际时常常表现出对中国悠久历史的自豪感,同时感慨对方来自一个历史太短的国度。动力系的几名学生在和一名拥有英美双重国籍和博士学位,会说英、法、俄等几种语言的外教聊天时又谈到这个话题,这名外教从比较客观的角度告诉学生,美国的确是建国历史很短的国家,但是美国的文化传统却很长,从欧洲移民到新大陆的人也同时带去了欧洲的传统和文化。欧洲是美利坚合众国的诞生地,欧洲理念和文化形成了这个共和国,美国是欧洲文明的延伸,将近80%的美国人具有欧洲血统,美国继承了从古希腊、罗马到文艺复兴、启蒙的西方文明的平等与理性、共和与法制的精神和制度。这位外教认为《圣经》、荷马、柏拉图、萨福克里斯、莎士比亚等都是美国文化的中心。由此看出,对学生的目的语文化输入应从时间、空间的大框架下进行教学和研究,树立大文化的概念,培养学生对文化的共性和差异的整体认识。大学英语教材缺失了对目的语文化中深层文化、文化的历史与关联的介绍,使得学生容易将从好莱坞电影和其他渠道获得的信息当作目的语文化的主流价值观,或者简单地把好莱坞电影中讲述的西方人物形象和日常生活当作西方人的生活常态,但实际上这些与西方文化的主流价值观和西方人的生活常态是有着很大差距的。正是由于对文化深层结构的忽略,学生很难区分西方的主流文化和非主流文化,很难对文化现象进行选择和辨识。具体表现在学生与外籍教师的交流时,有的学生说很崇拜麦当娜,因为麦当娜敢于直面大众、从不掩饰自己、有自己的个性,学生认为麦当娜也应该是西方人的偶像,外教听后却表示震惊,因为麦当娜并不代表西方主流社会或中产阶级的形象,对麦当娜受到中国学生如此关注表示诧异。事实上,麦当娜和赖斯(美国前国务卿),谁更能代表西方的主流价值观呢?

大学生学习英语的目的是用英语来和英语国家的人交际,吸取他国的先进科学、文化精华,更好地进行跨文化交际,学生的英语问题不能仅表象地归结为中国学生羞涩、顾及面子,或者词汇不够、语法不清,还应该考虑到在英语教学时,在文化背景知识的输入中,我们缺失了对精神文化、软文化的输入。其实要了解当今世界必须了解宗教,对宗教问题在当今世界政治社会生活中的影响绝不可低估。无论是做好国内各项工作,还是开展对外工作,都要求我们密切关注宗教问题。不同宗教信仰的人,有宗教信仰的人和无宗教信仰的人应当彼此尊重,和谐相处。这就要求在教学中要弥补教材的不足,引导学生建立起对目的语文化的深层次理解,让学生多了解目的语国家的宗教文化,尊重对方的宗教信仰,并从对方的宗教文化中吸取精华以丰富自我。如果缺失了对目的语文化深层次的理解,就很难与目的语国家的人民进行良好沟通。

(三)目的语经典阅读的缺失

目前学生和家长包括部分教师对"英语好"的认识,似乎定义为"考试成绩分数高",中学生以高考英语分数为标准来判断英语好不好,大学生以通过大学英语四、六级考试的成绩来证明自己的英语好不好,求职的学生为了证明自己英语好,还要去考各种证书。曾经有这样一个以分数为标准的事例,一名中国大学毕业生到外企求职,为了证明自己的英语,要求对方拿份试卷来给他做做,只要做完卷子,外企人力资源部的人就知道他的考分有多高,英语有多好了。英语考试成绩分数的高低,只表明了一个人在规定的时间里,完成了造句、完形填空、翻译句子,写出了150字的作文后,达到了目的语语言水平的程度要求,并不能说明他很好地理解了目的语文化,也不能说明他就具备了能用英语和目的语为英语的人员进行有效沟通、深入交流的能力。能很好地阅读自己专业领域的英文文献、充分地理解英文原版著作的内涵,这才是体现出非英语专业的大学生真正英语水平的地方。况且考虑到时间成本、费用成本、机会成本,有些考试得不偿失,还妨碍了学生的文化综合素质的提高。

苏霍姆林斯基曾试过用很多方法去促进学生的思维,得出的结论是最有效的手段就是扩大他们的阅读范围。因此在大学英语教学中应该重视学生的阅读广度和阅读深度,在目前全国重点高校主流的、使用最广的两套教材《新视野大学英语读写教程》的120篇阅读文章、《全新版大学英语综合教程》64篇阅读文章中,缺失了目的语经典阅读的内容。《新视野大学英语读写教程》的120篇课文绝大部分选自20世纪八九十年代出版的英美报刊书籍,也有21世纪问世的作品,为配合教学需要,对选材的部分内容进行了删改,但没有一篇出自著名的作者或者经典的作品。《全新版大学英语综合教程》64篇课文内容的选择,绝大部分摘录自报纸和杂志,作者绝大部分是报纸或杂志的记者、专栏作家、编辑。教材体现了题材较广泛、反映现实生活、科普内容占一定比例的特点,但是经典作家或者作品几乎没有涉及,甚至是节选也没有,经典阅读的缺失对教学产生了不利的影响。

哲学在大学英语教学内容中是被忽略的,哲学一词是古希腊人所创,古希腊人把热爱智慧、追求智慧作为人的始终如一的精神状态。从古希腊的毕达哥拉斯、苏格拉底、柏拉图、亚里士多德以及古罗马的西塞罗,到后来的卢梭、孟德斯鸠、康德等,西方哲学大师对西方的思维方式、民族性格、公民文化及崇尚民主、自由、科学和理性的传统都有深刻的影响。

中国与西方哲学的差异,体现在思维方式、人文精神、伦理观念、逻辑、人生观、世界观等各个方面。中国人讲"天人合一",而西方哲学则持"天人相分"的观点;中国人遵从集体取向,而西方人崇尚个人奋斗;在时间取向上,中国人常感怀过去,而西方人则着眼于未来;在思维方面,中国人重整体、重主体,而西方民族重逻辑、重理性、重分析,反映在篇章组织结构上,汉语是螺旋型,而英语呈直线型。

哲学的使命在于把个别、具体的东西与一般的东西联系起来,最终深入人与自然融为一体的境地;同时,哲学也是一切精神活动的中心,每一科学活动,甚至每一针对内在目标的人类努力,都根据哲学确定方向,并从哲学中获得精神的生命力。就语言来看,哲学的有益影响几乎遍及所有方面,在一个民族中间,科学教育的性质越偏于哲学,就越有助于语言的发展。

因此,加深学生对最根本的哲学层面上的文化认识,不仅有利于提高跨文化交际水平,而且有助于提高阅读、写作、听力等各方面的语言技能。经典的文学在大学英语教学内容中也是被忽视的,其实文化能够通过文学的媒介表述自己,文学是第二语言教学中可行的组成部分,文学的主要功能之一是作为媒介传播,它所书写的是说这种语言的人的文化,文学文本是学习者能利用的语言资源,阅读文学作品能帮助他们发展语言能力。而且,利用文学作品去阐释渗透其中的目的语文化的价值观有助于重新定义学习者在母语文化中获得的价值观,文学作品相当于提供了一个新的视角帮助学习者了解文化之间的异同。外语教学中的阅读材料也可以被用于教授文化，但即使是最有效的外语学习阅读材料也只是我们自己根据不同难度水平架构的语言体系，这样的作品常常变成了没有文学成分在里面的读本。

还有一项被忽视的是古典文化尤其是希腊文化、罗马神话。希腊文化是欧洲文明的发源地，是人文主义的摇篮，也是西方全部人文研究的根底。两千年来，古典文化不仅是西方学人从未间断的研究对象，更是他们永远眷念的精神家园。古典文化产品因代代相传而得以延续久存，其作用和影响惠及当代，这些产品播种着生命，因为它们本身即生成自完备的生命。但大学英语教材中没有这方面的内容。一名经济学院的学生说外籍教师在课堂上提到美国诗人惠特曼的诗，结果同学不知道；外教提到波塞冬时，只有一名同学记忆起观看过的日本动画片，指出波塞冬是希腊神话中的海神。实际上古典文化、罗马的神话对英语文学（如诗歌）产生了巨大的影响，莎士比亚、弥尔顿、雪莱、济慈、勃朗宁等都用神话丰富了其创作，而其他欧洲国家的诗人，如但丁、歌德、席勒等都从神话中汲取过素材。

我国2007年颁布的《大学英语课程教学要求》中明确指出"大学英语课程不仅是一门语言基础课程，也是拓宽知识、了解世界的素质教育课程，兼有工具性和人文性"，"大学英语的教学内容除了语言知识、语言技能之外，还应涵括人文情感、人文素养和人文理想的培育"，"因此设计大学英语课程时也应当充分考虑对学生的文化素质培养和国际文化知识的传授"，这些充分显示出英语不应仅被作为工具来学习，而且应作为素质教育的组成部分。

在我国学者提倡的人文素质教育中，提供给大学生的书单所涉及的外国经典著作是已经翻译成汉语的，既然大学英语不仅是语言技能的培训课程，也是高等学校文化素质教育的组成部分，那么在大学英语教学中就应该涉猎西方经典文献。在大学生学习大学英语的2年4个学期的时间中，应当拿出一部分时间和教学内容用于经典阅读，即使不是阅读全文或者全书，而是将重要的部分节选出来让学生花时间和精力去研习，也会有不一样的效果。大学英语教学中的经典阅读可以让学生接触原汁原味的外文原著，少了翻译中的信息丢失等缺陷，让学生直接面对优秀的英语原文作品，使学生与大师直接对话，既能让学生培养语感、提高英语水平，又能让学生直接感受原文文献中的人文关怀和人文精神，养成良好品味和高尚情趣。这不仅是高等学校人文教育的组成部分，也可以提高学生的英语水平和文化素养，是一举多得的事情。

大学英语的学时有限，学生每周只有4节大学英语课，大学英语教材的篇幅有限，课文内容多反映当代目的语文化的社会生活，学生所学的英语主要用于交际，以当代英语的文体和语体为主,但是经典阅读作为人文教育的方法在大学英语教学中是应受到关注的。诚如《新视野大学英语读写教程》的编者所说——"传统的课本是几千年来文化的承袭,为人类培养了一代又一代的社会栋梁。课本仍然是不可取代的、行之有效的根本性教学工具",那么在课本中增加经典原著的阅读,即使是节选的内容也能让学生获益匪浅。

(四)西方视角批判教学的缺失

学者的文化价值观会影响其研究的对象、研究方法、研究的发现以及如何阐释发现。跨文化交际和语言教学的学术研究理论概念如个人主义-集体主义、定势、民族中心主义等,几乎都源于美国和欧洲学者的阐释,尤其跨文化交际领域在美国兴起,并主要是通过美国学者的研究发展起来的,研究中采用的是欧美人的视角。

英语作为国际通用语,进行跨文化交际的情况很多,美国学者以英语为母语,因而缺少对语言使用的一些问题的意识。美国作为一个典型的移民社会,其研究放在了外来者融入新文化环境中的单向而非双向的调适过程上。西方人在跨文化交际中面对的除西方人之外,主要是亚洲、非洲、拉丁美洲等发展中国家的人。因为西方的强势文化,西方人在跨文化交际中无需强调自己的母语文化,西方人潜意识里认同自己的文化在全球的优势地位。西方的文化霸权使得西方文化能够渗透甚至塑造弱势文化,而弱势文化的国家面对西方文化时会有不同的表现。日本文化被大规模西化,印度人在西方文化的压力之下渐渐抛弃了传统的外壳,以土耳其为代表的伊斯兰国家面临西方文化挑战时出现不适应状况。最终,伊斯兰世界、印度、日本都接受了西方的现代技术、科学、观念、思想。

长期以来没有受到挑战的西方强势文化,使跨文化交际研究范式和取向明显地以西方为中心,建立在西方交际理论的基础上。以西方的价值观与交际理念为核心,缺少非西方视角进行的探索,不是跨文化的,虽然其知识结构对跨文化交际研究有巨大贡献,但也导致其视野狭隘。以欧美经验为参照的理论具有地方性,并不具普遍性。因此要克服这些局限性,就要不断质疑并超越特定文化、强势文化的局限,不能只用西方的视角看待交际和世界。

大学英语教材里所教授的内容大多是与美国文化相关的,会使我们理解跨文化交际时产生偏见,而这种偏见源于此领域的主要奠基者——"美国制造",将跨文化交际理论用于我国大学英语教育的研究和实践中时,需要考虑中国的具体情况和文化背景。在西方(特别是美国)学术传统主导的状况下,其他地区的学者不是缺位,就是失语,即使有话语,也是在西方学术语境中、以西方主流话语方式才能得到机会。跨文化交际中来自相对弱势文化国家的群体,必须强调自己的母语文化,正如新加坡所提倡的尽管我们讲英语、穿西装,但新加坡人不是美国人或盎格鲁-撒克逊人,如果在更长的时间里新加坡人变得与美国人、英国人和澳大利亚人难以区别,可能成了他们的仿制品,那我们就丧失了与西方社会的区别,正是这些区别使我们能够在国际上保持自我。跨文化交际的过程并不是被同化的过程,而是体验不同文化、丰富自我的过程。中国学生更需要保持自己的母语文化在西方强势文化面前的话语表达权,大学英语教学中母语文化的学习是中国学生跨文化交际的立身之本。

通过外语教育促进本国人理解其他国家的历史与文化是外语教育存在的逻辑基础之一,学习外语可以更好地理解其他民族,从而促进不同民族间的相互理解,外语课程可以提升学生对其他国家文化的理解,减少狭隘的民族中心主义。美国前总统林登·约翰逊曾说,是思想而不是武器持久影响和平的前景,因而他大力提倡外语教育和国际化教育。美国前卫生、教育和社会福利部部长约翰·加德纳曾表示美国人寻求征服的敌人不是别的,而是美国人对不同文化的人为什么会有不一样的行为和心理的无知、无能、狭隘的民族中心主义以及缺乏敏锐的理解力。因为西方的民族中心主义造成其对东方以及其他除西方之外世界的忽视,而且目前的跨文化交际研究中也存在西方话语霸权的问题,所以我们在大学英语教学中应该强调多元文化的平等,克服狭隘的民族中心主义。

(五)母语文化教学的缺失

1. 大纲对母语文化的忽视

2007年的《大学英语课程教学要求》明确了大学英语的教学内容除语言知识、语言技能之外,还应包括人文情感、人文素养和人文理想的培育,体现了将英语单单作为工具的学习转变为将英语作为素质教育组成部分的思想。

但是大学英语教学目标中对文化的定义默认为是目的语文化,没有提到母语文化。2007年的《大学英语课程教学要求》指出:

(1)大学英语是以外语教学理论为指导,以英语语言知识与应用技能、跨文化交际和学习策略为主要内容,并集多种教学模式和教学手段为一体的教学体系。

(2)大学英语的教学目标是培养学生的英语综合应用能力,特别是听说能力,使他们在今后工作和社会交往中能用英语有效地进行交际,同时增强其自主学习能力,提高综合文化素养,以适应我国社会发展和国际交流的需要。

(3)大学英语课程不仅是一门语言基础课程,也是拓宽知识、了解世界文化的素质教育课程,兼有工具性和人文性。因此,设计大学英语课程时也应当充分考虑对学生的文化素质培养和国际文化知识的传授。

经过多年的研究,笔者坚信,真正的工作不是理解外国文化,而是理解本国文化。人们研究外国文化所能得到的不过是表面的理解,这类研究最终是为了更加了解自己系统的活动状况,了解外国方式的最佳理由是激起一种活力感和意识感,一种唯有当体验到强烈的对比和差异时才会产生的对生活的兴趣。单纯地了解本国文化在任何人看来都是一项巨大的成就,但学习关于自身知识的最有效方式之一是重视他人的文化,这会迫使你去注意那些显示你们之间差异的生活细节。

文化学习只关注以英语为母语的国家的文化是不够的,必须延伸到学习者的母语文化。因为语言产生自人类本质的深入,同时,语言与人的民族起源也建立起了真正的、实质性的联系。假如不是这样,那么,为什么一种母语无论对于文明人还是对于野蛮人都具有一种远胜过异族语言的强大力量和内在价值,为什么母语能够用一种突如其来的魅力愉悦回归家园者的耳朵,而当他身处远离家园的异邦时,会撩动他的恋乡之情?每当我们听到母语时,好像感觉到了我们自身的存在。

强调目的语文化并不意味着成为它的奴隶,而是去尊重它。放弃母语文化并不是一个理想的选择,而是无知的表现。社会真正需要的是双语和双文化甚至是多语和多文化的人,这些人应该比只说一种语言的外国人能更好地理解目的语文化,比只说一种语言的中国人能更好地理解母语文化(中华文化)。社会文化能力不仅包括目的语文化知识,还包括母语文化知识。大学英语教学应该考虑中华文化教学的重要性。

实际上要培养学生对目的语文化的洞察力,必须帮助学生了解母语文化的传统、演变以及表现形式。母语文化在外语教学中可以作为与目的语文化进行对比的工具,这既能深刻揭示目的语文化的主要特征,同时也可以加深学生对母语文化本质特征的理解。

2. 教材对母语文化的忽视

在大学英语教学中,我们过多关注母语文化和目的语文化的差异,为了让学生学好英语,我们刻意让学生沉浸在英语的氛围中,力图消除所有母语文化的影响。实际上教材内容应包括:

(1)目的语文化材料,以英语为母语的地方的文化。

(2)源文化材料,学习者自己的文化。

教授文化时教师应该记住的是需要提升学生对他们自己的文化的认识。母语文化是与目的语文化进行比较的基础,这样方能显现目的语文化的主要特色,同时提升对母语文化和目的语文化精华的深层理解,这样才能获得跨文化交际所必需的容忍和敏感度。外语教师在向学生传授目的语语言文化知识的同时,还需培养其母语文化意识,使其具备能够用所学语言正确而有效地表达母语文化内容的能力。

英语教学目标、教材、教学漠视了母语文化。英语教学中中华文化的含量几乎近于空白,使许多有相当英文程度的中国青年学者在与西方人交往的过程中,显示不出文化大国的学者所应有的深厚文化素养和独立的文化人格。只有对本国优秀传统文化有了充分的认识和足够的修养,才谈得上理解他国文化,并逐步拓展自己的跨文化心理空间,对文化的多元性展现出一种恢宏大度和兼容并蓄的气度。

在跨文化交际中出现中华文化失语现象是值得我们思考的,中国大学生在用英语表述母语文化时存在很大的问题。大学英语教学忽略对母语文化的传授造成大学生对母语文化的表述不理解、不重视,使学生很难在跨文化交际中向外传输母语文化,使学生在学习的过程中容易盲目接受目的语文化的规范,而疏远了自己的文化传统。

3.教学过程中对母语文化的忽视

迁移说源于心理学,指早期的行为模式对学习新行为模式的强化或阻碍的影响。在心理学中,迁移是一种学习行为,通过迁移,学习者以前获得的有关学习技能的知识将影响他们以后学习或训练行为的结果。从效果方面,迁移分为:

(1)积极迁移(正迁移),一种学习对另一种学习的积极影响或促进。

(2)消极迁移(负迁移),一种学习对另一种学习的消极影响和干扰。

如果学习者以前的学习经历能产生积极的效果,就会促进学习者的学习;反之,如果学习者以前的学习经历阻碍了他们学习新的知识,就出现了负面的效果。

在语言学中,迁移指一个人的母语对外语的语言特征的影响。

当学习者使用目的语时,因为不太了解目的语的规则,因此会受到母语和母语文化的影响,从而套用母语的规则,使用母语的语音、词义、结构或文化习惯。

对语言迁移的研究始于20世纪四五十年代的美国语言学家,这个时期语言迁移被视为二语习得理论和二语教育方法中最重要的因素。个体倾向于迁移形式和意义,将母语中的形式、意义以及文化置于目的语和目的语文化中。学习者母语的旧习惯有时会促进,有时会阻碍他们的二语学习。当母语的习惯和目的语的习惯不一致时就产生干扰。语言迁移有两个层面:

(1)当母语和目的语存在差异时,学习者的母语将会干扰目的语的学习。

(2)当母语和目的语相似时,母语将会积极帮助目的语的学习。

一些研究者认为语言迁移是将母语的模式用于目的语中,是二语或外语学习者错误产生的普遍原因。

迁移分为正迁移和负迁移,是目的语和其他任何以前习得的语言之间的相同和差异产生的影响。正迁移是使学习简单的迁移,当母语和目的语有相同形式就产生正迁移。在这种情况下,学习者的母语会促进目的语的学习。负迁移是使用母语的模式和规则导致目的语使用产生错误和不适当的形式。学习者的母语文化和目的语文化之间同样存在差异和重合现象,差异会导致干扰,对目的语文化学习产生负面影响,重合现象同样会导致迁移,对目的语文化学习有辅助作用。

迁移是外语学习中的一种常见的现象。研究表明,外语学习者常常会无意识地将母语的语言特点运用到外语学习上。语言是文化的载体,长期在母语文化影响下形成的思维方式和表达习惯必定会不自觉地迁移到目的语中,形成"文化迁移"。目的语文化与其他以前习得的文化之间的相同和差异产生文化迁移。文化迁移也分为正文化迁移和负文化迁移,当母语文化规则与目的语文化规则相似时,就产生正文化迁移;当规则不同时,就产生负文化迁移。两种文化越相似,迁移就越少;两种文化的差异越多,迁移也越多。负文化迁移常常导致交际障碍、误解,所以学者更加关注母语对目的语学习的负迁移。

负文化迁移指由文化差异产生的文化干扰,它表明人们无意识地使用自己的文化规则和价值观指导自己的行为和思维去判断别人,特别是来自不同文化的人的行为和思维。行为主义学者认为迁移是习惯形成的结果,他们认为语言习得的过程是克服旧的习惯形成新的习惯,暗示学习者如果要学习新的语言必须断绝自己的母语。例如在英语教学中完全排斥母语和母语文化的行为,被认为是最有助于语言学习的做法。国内的研究也更为关注汉语对英语学习的干扰。

我国的大学英语教学注意力长期主要集中在语言形式的教学,一直以来都是以语法-翻译法、听说法的教学方法为主。大学生学习英语时,自身已经有了一套母语规则,形成了母语思维习惯。已有的母语知识会对目的语学习产生影响,当母语和目的语规则相同时,会促进目的语的学习,产生正迁移;当母语和目的语规则的表现形式不同时,就会产生负迁移,负迁移常常会产生错误。母语的负迁移会在语音、语义、句型、语法等各个方面形成干扰,使学习者在学习目的语时很难摆脱母语的影响。文化负迁移会使学习者用母语的文化规则去套用目的语的文化规则,出现文化方面的错误。母语是学习者的第一语言系统,英语是大学生在母语系统之后的第二语言系统,学习者是在母语文化的背景中习得母语以及母语的文化规则。在英语学习中,忽视了目的语的文化背景,学生不可避免地会借助母语的规则和母语知识,将母语文化规则、模式套用到目的语上,出现文化干扰。正因为担忧负迁移影响学生的英语学习,而学生和教师在应试的压力下又忽略了文化的学习和传授,汉语和英语在时间取向上、思维上、篇章结构上差异和距离大,学好英语存在难度,所以国内的大学英语界避免教学中以"己文化"度"他文化",导致文化"负迁移"的现象,强调尽量给学生营造英语环境,课堂上要求全英文授课,在大学英语教学中有意识地回避母语和母语文化教学,只关注目的语和目的语文化。

在大学英语教学中,母语不是一件衣服,学生在进教室之前脱下来,出了教室后再穿上。母语是始终伴随着学习者的,学生很难完成在课堂上完全进入目的语文化中,只说英语,课后又回到母语文化环境的转换。中国学生能够学会英语,是因为虽然构成语言的基本符号不同,但在表达方式的构成模式即文法上是有相通之处的,这就使人们有可能在短期内理解、掌握另一种语言。而言语则不然,各种具备不同文化内涵的语言场合对母语的形成和发展有重要作用,在人为的语言环境中,由于缺少形成母语的各种背景条件和言语的持续性,学生只能进行书本式的学习,所以很难摆脱从母语到目的语的思维过程。因此在大学英语教学中,教师要正确地利用母语正迁移来提高学生的英语水平,过分担心母语的负迁移会影响学习效率,要更好地让母语学习和英语学习融合到一起,尤其要加强大学英语教学中对母语文化的教学。

英语和汉语都不是简单的字、词、句的组合,而是一个巨大的语言体系,语言的内部因素之间相互联系,密不可分。母语文化迁移不完全是负迁移,不应杜绝母语。在大学英语教学中,更应该强调具备母语文化和目的语文化的知识。如果学生对目的语能够有全面的认识,对其包含的文化因素有深刻的理解,那么学生的这种跨文化意识就会在他们学习英语时产生正迁移,有助于他们全面理解所学的字、词、句以及文章内容。如果学生对英语中的许多文化概念、交际规则理解不对或不全面,就会造成交际障碍。培养大学生的跨文化交际能力,在大学英语教学中应重视母语文化的英语表述。对两种文化的互相尊重是成功跨文化交际的必要条件,一个人如果不能首先理解自己的文化,是不能够理解第二种文化的。

语言是民族的象征,是一个民族从事一切精神活动和维持社会联系的必要基础。一个民族的语言,记录着该民族走过的漫长的历史道路。对于民族的独立和统一,语言的作用和地位是至关紧要的。热爱母语,就是热爱民族,热爱祖国。民族语言是一座思想、文化和历史的宝库,是由一个民族的语言习俗风尚和思维方式构造起来的,它总结起了本民族人民世世代代的生活经验。近年来开始有学者关注汉语对英语学习的正面影响。在跨文化交际中,学习者不可避免地受到母语和母语文化的影响,学习者的母语文化可以作为比较的基础,从而促进学习者对目的语的语言结构的掌握和对目的语文化的深层理解,学习者可以更好地了解文化差异和多样性,在两种文化的借鉴中能更好地了解自我,关注母语文化会让学习者重新思考母语文化的定位。

从英语学习成功者身上可以看到,母语文化并不会妨碍他们在英汉两种语言之间游刃有余。成功的外语学习者,通过外语学习,能更好地掌握和理解母语文化,也能更好地领略和欣赏目的语文化。对目的语和母语的掌握是互相促进的,对目的语文化更深层次的理解和欣赏与对母语文化更深层次的理解和欣赏是相辅相成的。学习一门外语,用外语思维是最适当不过的精神操练,而更有意义的是,掌握了一门外语,就是获取了一种观察世界的新途径。我们可以通过语言认识世界,通过比较各种语言来比较人们对世界的不同认识。中国的英语学习集大成者,如林语堂、梁实秋、钱钟书等都精通中英文。不理解西方文化就不能深刻地理解母语文化,不理解母语文化就不能真正学好英语语言和文化,这与母语迁移对二语习得是负迁移的说法相悖。要学好目的语和目的语文化,我们必须要能走进和走出目的语文化,当我们走进目的语文化时要思想开明,当我们走出目的语文化时要带有一双批判性的眼睛。很多人不能走进,很多人又不能走出——最后被同化了,少数人成功地走进又走出——他们获得了创造力。在目的语的学习过程中,目的语与母语的水平相得益彰,目的语文化与母语文化的鉴赏能力相互促进,学习者自身的潜能得以发挥。

如果我们将母语文化看作是学习外语的负资产,则无法解释犹太人既能保留自己的文化精髓又能成功地融入所在国(例如美国)社会的现象。犹太民族要求孩子到了5岁就要开始接受正式的教育,学习《摩西五经》(《圣经·旧约》的首5卷)和祈祷书以及它们的注解;到了7岁,就要学习《圣经·旧约》的其他部分,而且还要接触《塔木德经》(从公元2到6世纪编撰的口传律法集)的基础知识;到13岁的成人仪式以前,孩子们要学完所有的犹太教法的基础知识。《塔木德经》是两千多位历代的犹太拉比(犹太教的神父、犹太人中最有学问的人)对犹太教义、法律、哲学、道德等人文问题进行探讨的记录,是犹太律法、思想和传统的集大成之作。犹太法典内容极其丰富,是犹太民族人文智慧的结晶,犹太儿童受到的文化熏陶使其不论身处何地都能继承犹太民族的人文精华。犹太移民在美国及其他欧洲国家接受所在国的教育,其犹太文化的背景非但没有阻碍他们在所在国接受教育,反而因为他们兼具两种文化的资源而取得了非凡的成就。

牺牲母语和拒绝母语文化的模式需要学生切断与母语和母语文化的所有联

系,但是孩子们在五六岁开始接受正规教育前,已经内化了很多母语文化的基本价值观和信念。人一开始学习母语及文字,便已经开始接受文化的熏陶,因为一个人的思考必须在母语的结构中发展。它为我们提供了丰富的概念,也就是单字、语词,以及使用这些概念的方法,同时也塑造了我们的思考模式。学生的文化继承不能被抛弃,而应该被用来提升他们的学习。学生进入未知的目的语文化领域之前,必须首先熟悉自己的文化,通过探索自己的母语文化,例如讨论价值观、期望、传统、习俗、礼仪等,才能准备好"用高度的知识分子客观性"思考他者的价值观、期望和传统。

  实际上中国自改用白话文后,对于中华文化,却从此一刀斩断了……中华文化积累的东西太多了,几千年来的文化都借着古文保留着,接受白话文教育的人们看不懂古文,当然打不开这个仓库。中华文化光是语言就有文言文与白话文之分,我们现在接触的只有白话文,而白话文只有一百年的历史,如果我们完全舍弃文言文,中华文化还剩下什么?如果忽略了整个传统,我们将无法分享文化资源,只能困于模糊的过去与茫然的未来之间了。2500年的正史里所记录下来的个别事件的总额是无法计算的,要将二十五史翻成英文,需要四千五百万个单词,这还只代表那整个记录中的一小部分。这笔庞大的文化资本,尚未被现代中国人好好利用过。目前大学生基本上只使用白话文,对于文言文多半限于教科书上的几篇材料,而且主要是为了应付考试。大学生对中华文化已然是陌生了的,再加上在大学英语教学中完全看不到中国传统文化及其表述方式,学生也就无法用英语表述自己的思想和文化了。这不仅是大学英语教学的困境之一,也是学生跨文化交际现实的障碍。实际上在全球化的今天,只有立足于自己的历史文化传统,才能保持自己的主体性和独立性,才不至于在西方文化的话语中迷失了自己。

  大学英语教育中文化教学的目的是将外国的先进文化介绍给中国,同时将中华文化传播到世界。中文系一名非洲留学生在清明节放假前,认真地对大家表达"祝你们清明节快乐"!同学们听后面面相觑;到了端午节放假时,他突然问"为什么要放假",同学告诉他是端午节,他很茫然地问"这是什么节日"?班上的同学不知如何用英语表述自己母语传统文化去向他做出解释。这名非洲留学生在汉语文化的环境中学习汉语,他犯的不是语法错误,而是缺乏对文化的了解,他不知道清明节和端午节背后的文化意义。

  大学英语教学中目的语文化的学习和学生的母语文化不应是冲突的,而应是相辅相成的。一个通达明智的民族会在精心地维护、哺育和保持母语的同时,鼓励它与外语共存和竞争。不同语言同时使用的范围越广,各种语言共同存在的趋向越明了,语言本身所能获取的收益就越大,对思维和语言技能的影响也越积极有效,甚至在语言长时间混合的情况下,善于梳理的精神能造就一种与自身相配的形式。了解一门外语能打开目的语文化的窗户,讲英语或汉语也能给学习者用英语的或汉语的眼睛看世界的机会,但不会让他放弃自己的判断力、理解力以及自己的个人身份,反而能让他重新面对并评估母语文化和目的语文化。学习目的语文化能提升对母语文化的理解,从异文化的立场观察母语文化,能察觉出我们作为母语文化的群内人所不能发现的东西。同时,对母语文化有良好的理解才能客观地发现母语文化和目的语文化的共同点和不同点,学习目的语和目的语文化并不意味着同化,而是用一个新的视角去看待母语文化和目的语文化,学会包容和理解不同文化,可以培养学生在学习和研究中具备宽广的视野和大度的心态。

第二章 英语教学中的文化教学

语言和文化关系非常密切,二者彼此交融。任何语言都要植根于文化环境才能生存,所有文化都要借助自然语言结构才能延续。所以,英语教学作为一种语言教学,对于文化内容、文化差异的教学也有着独特的优势。基于此,本章将首先对英语教学中文化教学的内涵、发展阶段等相关理论进行论述,进而对国内英语文化教学存在的问题与改进路径进行研讨,最后对英语文化教学的实施与评价深入探究。

第一节 英语教学中文化教学的相关理论概述

一、文化教学的内涵

(一)文化教学的概念

文化是指人类在认识自然、改造自然的社会历史实践过程中所创造的物质财富和精神财富的总和。在英语教学中,文化主要指英语国家的历史、地理、风土人情、传统习俗、生活方式、文学艺术、行为规范和价值观念等。

语言是文化的载体,学习语言的过程同时也是学习语言文化的过程。只有真正理解语言中所包含的文化涵义,才能够真正掌握和驾驭一门语言。20 世纪 80 年代中期,随着国外社会语言学研究成果在国内的介绍,加上中国哲学界对中西文化内涵和交汇等问题的讨论,文化语言学在我国兴起。外语界关于文化教学问题的研究已有多年的历史,人们达成的共识是:语言教学在很大程度上应是文化教育。

然而,英语的全球化进程向英语文化教学提出新的挑战。真实的跨文化交际并非像人们通常描述的入乡随俗、出国问禁,即一方完全遵守另一方的文化习俗。相反,不管是在群体间还是个体间,跨文化交际总是两种文化接触、冲突、协调的动态过程。在跨文化交际中,双方不同的文化身份、价值观念易导致误解。但误解的消除不是一方放弃自身文化去附和另一方的文化,而是在相互理解协调的情况下达成谅解,尊重彼此的文化。

英语教学中文化教学不能被简单理解为跨越汉语文化和英语文化,而是学习者在面对汉语文化之外的文化现象时分析解释文化差异、消除可能出现误会偏见的能力。语言与文化密不可分。语言是记录文化的符号系统,语言中积淀着丰富的文化。语言是文化的产物,同时又是文化的一面镜子,它记录着民族的历史,反透出民族的文化心态,蕴含着民族的思维方式。语言既是文化的一部分,又是文化的重要载体。

因此,在跨文化交际中,双方必然有意无意地将自己的母语文化带进来。如果交际双方有意促使交际的顺利进行,他们必须对对方的文化有所了解,并在交际过程中进一步了解对方的文化;否则,交际就可能被中断。语言是一种民族文化的承载和表现形式,不了解这个民族的文化,就无法真正学好该民族的语言。为提高学生的语用能力和交际能力,在英语教学中,教师应加强对学生文化内容的导入,不仅要介绍语言知识、进行"四会"技能训练,还要使学生了解异域文化,培养学生的文化意识。所以在英语教学中,必须同时重视语言教学和文化教学。

(二)文化教学的层次

文化教学应该包括以下两个层次。

1. 文化知识

文化知识是指学习者需要了解的有关语言文化的知识,包括衣食住行、风俗习惯、生活方式、行为规范等知识,具体如教材或学习资源中出现的人物、历史、地理、文学、风俗、艺术等知识。文化涉及的内容很广,因此文化知识也纷繁复杂。学生的文化知识,简单来说,就是对某种文化现象的知晓。

2. 文化理解

20世纪90年代,外语教学界在提出了文化知识的传授的基础上,对外语教学提出进一步的要求,即文化理解。文化理解是指学生对中外文化及其差异的理解过程或理解能力(陈琳等,2003),它主要指以下两个方面的问题。

(1)对具体的、个别的文化知识或文化现象的理解,了解文化知识或文化现象的背景、渊源、文化含义、宗教含义等,并了解该文化知识或现象所反映或所代表的道德观、价值观、人生观等。

(2)把文化看成是一种客观存在。一般来说,文化本身并没有高下之分,但是在每一种文化中精华与糟粕都并存。我们没有必要对文化评头论足,但是可以并且有必要有选择地传授文化知识。一方面,要采取一种客观的、宽容的态度对待异国文化,避免拒绝任何异国文化的狭隘的民族主义态度,避免用我们自己的文化、道德、价值观作为标准去衡量、评判异国文化;另一方面,在学习异质文化的同时,要注意坚守自己的优秀文化传统,避免盲目地追随、模仿异国文化。此外,还要注意比较两种文化的异同,使自己在跨文化交际中能恰当地、得体地进行交际。

文化理解的以上两个问题告诉我们,在文化教学的过程中,教师一方面要引导学生正确地理解外国文化现象、文化知识。正确理解外国文化,既指应当把外国文化视为与本国文化相平等的主体,又要承认两者之间的差异,同时要认识到对文化的理解没有绝对的答案,学习者可以有不同的理解。另一方面,教师要让学生认识到,本国的文化知识是理解外国文化的基础,如果学生对本国文化缺乏认识,就很难在英语文化教学中做到文化理解。有的人认为,只有正确理解外国文化,才能理解外语并恰当地、得体地使用外语,因而学习外语与本国文化没有关系。实际上,在文化教学中,能否正确理解外语并恰当、得体地使用外语,在很大程度上取决于对本国文化与外国文化的差异的了解程度。因为了解本国文化不但能够帮助我们更加深刻地理解外国文化,提高对外国文化的鉴赏能力,而且可以使我们更准确、深刻地认识两者的异同,最终达到提高对外国文化的敏感度的目的。

综上所述,文化理解是指在文化学习的过程中理解其内涵,然后转化成自己的行为举止,建立起文化意识。所以,掌握文化知识仅仅是学习文化的开始。文化教学应该以提高学习者的交际能力为目标,从掌握文化知识开始培养文化意识,最终达到文化理解。

二、文化教学的发展阶段与模式

(一)文化教学的发展阶段

随着英语教学目的由重视语言技能到交际能力再到跨文化交际能力,英语教学中的文化教学也经历了由被完全忽略到依附于语言教学再到与语言教学全面结合的发展阶段。

1. 萌芽阶段

文化教学最早出现于中世纪早期,那时传统的古典文献课不仅系统介绍罗马帝国的历史和地理,而且也介绍人们的日常生活①。1880 年,法国教育家古安(Gouin)在他的著作 *The Art of Teaching and Studying Language* 中除了指出语言教学中文化的重要性之外,还传递了文化教学可以通过使用合适的教学方法在常规课程中得以实施的重要信息。这是西方国家第一部阐述文化教学重要性的理论著作。

到了 20 世纪初,语言教学界的一些有识之士开始著书立说,阐释文化因素对语言教学的重要性。总体看来,在萌芽阶段,外语教学中的文化有两个层面的意义:一是异民族的历史和制度、人们的心理以及理想和价值标准以及该民族对人类文明的贡献;二是人的高水平心智,这种能力是通过语言学习获得的,包括推理能力、智力、想象力和艺术能力。

因此,20 世纪五六十年代的英语教学以文学欣赏为主要目的,学习者通过学习文学作品来了解目的语文化的历史、制度和习俗,以及他们对人类文明的贡献,也就是常说的"大写 C 文化",而且这些文化知识通常与课文的语言重点没有任何关系,只是作为文化背景知识介绍给学生,便于他们理解文学原著。

由此可以看出,在这个阶段,文化教学完全脱离了语言教学,这就导致文化教学在整个语言教学中不占主要地位,它只是对外语教育的一种补充,或者说是外语教育的手段之一。

2. 依附阶段

从 20 世纪 60 年代后期开始,美国的听说教学法和欧洲的视听教学法盛行一时。其间,文化也没有被完全抛弃,而被看作是促进词汇学习的重要因素。到了 20 世纪七八十年代,受到交际法影响的英语教学以提高英语的交际能力为目的。

由于受到海姆斯(Hymes)等人的交际能力观的影响,人们不仅注重言语行为的语法性,而且更注重言语行为的得体性。这导致了文化教学内容从"大写 C 文化"转变为"小写 c 文化",即日常生活中所包含的文化含义,尤其注重对那些容易造成交际误解和失败的文化差异的教学。进行文化教学的目标也从"语言技能为中心"转变为"交际能力为中心",并明确地把文化列为教学内容。

因此,可以说此阶段的文化教学相对上一阶段来说进了一大步。但是,这两个阶段都把文化作为知识来处理,把文化看作是相对固定不变的可积累、可分类、可观察、可教和可学的"事实",把文化知识的学习作为语言学习的手段。

---

① 胡文仲,高一虹.外语教学与文化[M].长沙:湖南教育出版社,1997.

这样做可以减少学生在接触外国文化的学习过程中有可能出现的困惑和误解,还有利于建立一个教学框架,使各种各样教授文化知识的方法与技巧能够得到发挥。然而,此阶段的研究者"只注重表层文化行为,而忽视了深层的价值取向和文化变体的存在,忽略了个人在文化创造中的参与作用以及语言和文化意义行程中的相互作用"(张红玲,2007)。

此外,此阶段的教学理念没有把语言和文化视为一个不可分割、相互依赖、相互影响的整体,而是将文化知识的学习作为语言学习的手段,前者是为了更好地理解、欣赏文学原著,后者则是为了避免外语交际中的误解和错误。这就使得语言知识和文化知识是泾渭分明的两种不同知识,而且一种知识的获得未必依赖于另一种知识。也就是说,文化教学只是依附于语言教学,没有确立自己的独立地位,形成自己的系统。因此,此阶段的文化教学被视为"依附阶段"的文化教学。

正因为如此,这一阶段教学中文化的定义相当狭窄,被看作是一系列一成不变的文化事实,忽略了文化动态发展的特点和文化学习的情感和行为层面。美国和欧洲的外语教学界已经认识到这一缺陷,进行了一系列理论研究和教学实践,使英语教学中的文化教学进入到第三阶段。

3. 有机结合阶段

英语被越来越广泛地使用,并呈现出世界性、国际性通用语言的特征。这意味着英语所代表的不再是狭隘的英美文化,它可以用来表达任何一种文化的观念。

此外,随着跨文化交际学在美国的兴起,越来越多的研究者意识到文化是一个动态发展的过程。他们认为,文化在不断地变化着,其成员为了满足不同场合的交际需要,掌握了一套形形色色的行为方式,并对引导行为的价值取向表现出不同程度的关注。因此,这就给当时的文化教学提出了新的要求,教师必须重新调整教学视角以及文化教学的目标,选择合适的教学方法。

在这一阶段,学者们一致认为,文化教学应该与语言教学处于同等重要的地位,提倡在语言文化教学中应采用完整的"多元合一"的眼光去看待语言和文化,并使它们有机地融合为一体,从而才更有利于英语教学中的文化教学。

在教学视角方面,这一阶段的文化教学也呈现出了多元和对话的特征,从单纯的目的语"文化导入"到母语和目的语并举的双向互动,从而纠正了以往"重文化教学内容,轻文化教学过程"的倾向。

总之,由于人们把文化学习视为一个动态的认知、情感和行为的变化过程,这一阶段文化教学的地位和作用发生了显著的变化。学习者通过文化学习,不仅可以提高交际能力,还可以在了解外国文化的基础上反省本族文化,开阔视野,增强跨文化意识,提高跨文化交际能力,进而实现个人的全面发展。这一阶段文化教学与语言教学一样,既是教学手段又是教学目的,两者实现了有机结合。

由此可以看出,这一阶段文化教学的主要特点是在外语教学中,文化取得了与语言同等重要的地位,文化教学不仅能够通过为语言教学提供真实的、丰富多彩的语境,来促进语言学习和外语交际能力的提高,而且也可以帮助学习者在了解外国文化的基础上,反省本族文化,开阔视野,增强跨文化意识,提高跨文化交际能力。

不仅如此,文化和文化学习的定义也因此而扩大,文化被看作是一个过程,文化学习不仅包括文化知识的学习,同时也包括情感态度的调整和行为的变化。虽然这一阶段的文化教学尚在发展健全之中,还有很多实际的教学问题有待解决。但是,无论从外语教学本身的需要,还是世界政治、经济发展的外部环境来看,语言与文化有机结合的外语教学都是一个必然的趋势。

综上所述,在人类学、社会学、跨文化交际学等学科的影响下,在语言中进行文化教学取得了巨大的成绩,人们对文化教学日益重视。教学目的从单纯的语言技能训练转为跨文化的人的培养;教学内容从一成不变的信息或事实转为群体生活方式的总和;教学方法从文化比较、知识传授转为文化体验;教学视角从单向的目的语文化转为母语文化和目的语文化的互动。

(二)文化教学的模式

国外学者 Risager(1998)在对欧洲一体化过程中外语教学现状进行调查后,发现学生互换项目的开发和信息技术的使用使外语教学的内容和方法发生了重大的变化。他分析了欧洲外语教学的发展历程,归纳出4种适合不同社会发展需要,但又能同时并存的外语和文化教学模式。这体现了外语教学的折中趋势。

这四种教学模式是外国文化模式(the foreign-cultural approach)、跨文化模式(the intercultural approach)、多文化模式(the multicultural approach)、超文化模式(the transcultural approach)。

1. 外国文化模式

外国文化模式的基本内容是以一种文化、一个民族、一门语言和一个具体的地域为基础,简单地说就是以目的语言及其相关的文化为教学内容,不涉及目的文化与本族文化和其他文化的关系,也不注重文化内部各个亚文化之间的差异,是一种单一文化(mono-cultural)的教学。

语言教学以 native speakers 为目标。这种外语和文化教学观念长期主宰着外语教学界,虽然从20世纪80年代起,在美国和欧洲一些地区新的观念开始取代外国文化模式,但是在中国和其他很多地区外国文化模式还相当盛行。

2. 跨文化模式

跨文化模式的出发点是不同文化之间有着必然联系,它除了继续强调目的文化的教学之外,将目的文化与本族文化的关系纳入教学内容,主张进行文化比较,来消除文化中心主义思想,培养文化相对论的思想。

目的语言和文化是教学的重点,只是教学目标不再要求学习者成为 native speakers,而是在两种文化之间起一个桥梁作用,用目的语言与 native speakers 进行交流往来。这一外语和文化教学思想从 20 世纪 80 年代开始逐渐流行,美国、英国等国都在教学大纲中明确了外语教学要增强学习者对目的语和本族文化的理解的要求。

3. 多文化模式

多文化模式强调文化多元化的现象,同一社会和国家存在多种不同的文化群体,尤其是在人口流动频繁的今天,多元文化和多种语言并存几乎是每个社会和国家的普遍现象,因此外语教学必须适应这一形势,不仅要帮助学习者了解目的文化和本族文化,而且也要使他们认识到目的文化和本族文化中亚文化(如少数民族的文化)的存在和特点,以及世界其他主要文化群体的存在和特点。

在这一模式里,外语教学的目的仍然是培养学习者跨文化交际的能力,所不同的是 native speakers 不再是外语教学的目标,而外语作为中介语(lingua franca)的教学有利于学习者用所学的语言与来自多种不同文化和语言群体的人们进行交流。多文化外语教学在文化多元现象突出的美国和欧洲已经得到重视。

4. 超文化模式

外语教学究竟应该以哪种文化为目标进行教学一直是一个令人困扰的问题。世界人口的流动,大众传播的发展,经济全球化的推进使得各种文化广泛接触,相互渗透,语言和文化现象变得极为复杂。

面对复杂的文化和语言选择问题,超文化模式以个人生活和跨文化交际的需要为出发点,提出采用第三种语言(即中介语)和第三种文化身份(即 transcultural identity,也就是 intercultural speaker)的语言和文化教学模式。这一思想受到很多外语教学和跨文化交际专家的积极响应,成为目前文化教学的最新模式。

Risager 的分析着重从文化教学的角度概括了外语教学的历史和现状,揭示了外语教学顺应社会发展需要所经历的变迁,虽然没有介绍这些方法的优势和不足,也没有具体阐明它们如何应用于课堂教学实践,但是却对研究者继续深入探讨文化教学具有很大的启发作用。本书提出的以中国英语教学为背景的跨文化英语教学的部分思想即来源于此。

三、文化教学的理论基础

(一)建构主义学习理论

建构主义(constructivism)学习理论从20世纪90年代开始在西方逐渐流行。在其演变过程中,心理学上受到皮亚杰(Piaget)和利维·维谷斯基(Vygotsky)等的影响。建构主义融合了皮亚杰的"自我建构"和利维·维谷斯基的"社会建构",并有机地把它们运用到学习理论研究中来,在此基础上提出了"意义建构"。

1. 建构主义学习理论的主要特点

建构主义者莫里(Murray)认为,学习是学习者在原有知识经验基础上,在一定的社会文化环境中,主动对新信息进行加工处理,建构知识的意义的过程。

(1)学习过程的特点。

从学习的过程来看,学习者不是从同一背景出发,而是从不同背景、不同角度出发;不是被动地接受外来信息,而是主动地进行选择加工。在学习的过程中,学习者是在教师和他人的协助下,通过独特的信息加工活动,建构自己的意义,而不是由教师统一引导,完成同样的加工活动。

(2)学习结果的特点。

从学习的结果来看,知识不是问题的最终答案,也不是现实的准确表征,它是一种解释、一种假设。在具体问题中,知识需要针对具体情境进行再创造,这是因为它不能精确地概括世界的法则。同时,它会随着人类的进步而不断地被"革命",并随之出现新的假设。另外,学习不是将知识从外界搬到学习者的记忆中,而是在已有经验的基础上,通过与外界的相互作用来建构新的理解。

(3)学习条件的特点。

从学习的条件来看,建构主义强调以学生为中心,强调在实际情况中进行教学,注重协作学习。与此对应,建构主义倡议的教学模式包括:脚手架式,即教师帮助建立基本的概念框架,引导和辅助学生进入特定的学习情境,然后学生逐步脱离"脚手架",独立解决问题和建构知识;抛锚式,即由教师设置问题,以此为"锚",引出相关知识的学习和建构;随机进入式,即对某种知识不是沿线性思路加以传授,而是从不同角度,在不同情境下多次和随机地切入,形成对知识的立体的建构。

由于建构主义具有以上特点,在英语文化教学时注意该理论与教学实际的结合,既有理可循,又具有实际意义。

2. 对文化教学的启示

(1)创设情境,增加学生参与性。

建构主义认为,学习具有积极性和建构性。学习者要想完成对所学知识的意义建构,最好的办法是到真实环境中去积极感受和体验,而不是仅仅聆听教师对各种经验的介绍和讲解。从这个意义上讲,英语学习过程就是学生主动建构的过程。学生要成为意义的主动建构者,就应在学习过程中自己去探索、发现和建构所学知识的意义。

建构主义认为,学习具有创设情境性,把创设情境看作是意义建构的必要前提。同时,该理论提倡在教师指导下的以学生为中心的学习,追求教与学的合作化。在文化教学中,教师可先确定所教文化知识的主题,多设置不同的情境,尽最大可能促进学生积极地思考,产生参与其中的欲望。当然,创设这样的情境必须贴近学生的生活实际和语言能力,使学生在认识该情境的现实性的同时有话可说。教师应注意在教学时以学生为中心,以学生的参与体验为目的,只要不影响交际,对出现的语言错误可暂不纠正,尽量让学生自由、大胆地表达自己的想法。

(2)合作学习,发展跨文化交际能力。

建构主义认为,社会性的互助可促进学习,学习者与周围环境的交互作用对于学习内容的理解起着关键性的作用,这是建构主义的核心概念之一。学生在教师的组织和引导下进行小组合作,加强组内讨论和交流。这样经过组内协商和辩论产生的思维和智慧,可以被所有小组成员共享,而不是某一位学生单独完成意义建构。

此外,合作学习与维谷斯基的"最近发展区"和"脚手架式"的教学模式思想是一致的,因为学生在与小组内比自己水平高的成员交往时,通过不同观点的交流,学生不断补充、修正自己对知识的感受和体验,智力也不断从一个水平通过"脚手架作用"提升到另一个新的水平,将潜在的发展转化为现实的发展,并创造更大的发展的可能。

(3)关注词汇,培养文化平等观。

建构主义认为教师只是外部的辅助者、支持者和合作者,为学习者提供建构知识所需要的帮助,以使学生的理解进一步深入,重要的是学习者自己建构知识的学习过程,并因此推荐"抛锚式教学"模式。这种模式对培养学生发现隐藏的文化尤具意义。因为隐含在语言中的文化,不是指常见的在疏通课文时,对某某文化知识点的分析讲解,以帮助学生理解课文;或使学生了解某个语言现象后面的文化典故,以扩充文化知识,而主要是指在学习语言材料时对其中所表达的思想主题及其现实文化意义的理解与把握,特别是经学生自己感悟思考后的理解与把握。教师可提醒学生关注某一词汇,在引导学生理解文本的表层信息之后,进一步思考该词的隐含信息。这样的文化教学,对学生而言,就不再只是简单的知识传递,还是在教师引导下对非结构的、捉摸不定的事物的主动建构与理解。这样的学习过程,不仅是文化学习的过程,还是思维方式和文化洞察力的学习与训练。

(二)需求层次理论

1. 需求层次理论的内涵

人本主义心理学的代表之一马斯洛研究了人的不同层次基本需求。他认为人类的多种需求,可按其性质由低到高分为五个层次,分别是生理需求、安全需求、社交需求、尊重需求和自我实现需求。

马斯洛认为,各层次需求之间不但有高低之分,而且有前后顺序之别,只有低一层次的需求获得满足之后,高一层次的需求才会产生。同时,居于顶层的自我实现需求,对以下各层需求均具有潜在的影响力量。个体生存的目的,一切都是为了追求自我实现。马斯洛认为,如果把对各层需求的满足感看作是一条直线型的连续体,由于这个连续体是把"全人"放在一个连续体上,而不是把一个人的不同层面放在多个毫不相关的连续体上来判断,所以根据需求层次理论,我们可以把人格划分为不同的形式和层次。在马斯洛看来,对应需求层次,共有五种人格,分别是生存人格、安全人格、归属人格、自尊人格和自我实现人格。其中,"自我实现人格"意味着人的创造性潜能充分实现,处于五种人格的最高层。马斯洛认为,尽管只有少数人能最终发展并培养出自我实现人格,但大多数人都会在某些片刻,短暂地达到自我实现人格层次,并总体呈趋向该人格发展的倾向。

马斯洛通过对 59 名调查对象的研究,总结出了具备自我实现人格的 15 个特征:

(1)对现实更有效的洞察力;
(2)对于自我、他人和自然的接受;
(3)行为的自然流露;
(4)以问题为中心;
(5)超然独立的特性;
(6)对于环境的相对独立性;

（7）欣赏的时时常新；

（8）较多的高峰体验；

（9）深沉的社会感情；

（10）精粹的私人关系；

（11）民主的性格结构；

（12）区分手段与目的；

（13）富于哲理的、善意的幽默感；

（14）创造力；

（15）对于文化适应的抵抗。

其中，第(2)条、第(9)条强调与他人、社会或文化的关系。马斯洛认为，具备这几种特征的自我实现者有一种较深的文化认同、同情、挚爱的感情。高一虹认为，把该理论运用到第二语言和文化学习中，这意味着一方面需要有一种对异文化开放的态度，又要理解异文化的真正需求；另一方面，学习者在母语文化的学习中，具备较深的社会移情（empathy），有一种想要帮助本国人民提升母语文化的真正欲望。

第(3)条强调自动、自然。马斯洛认为，具备该特征的自我实现者行为自动、自然、简洁，而非人工做作。对此，高一虹认为，学习外语的自我实现者不会因文化差异而感到困扰，他们能较好地协调不同的文化价值观，并能在此同时深深地认同母语文化。

第(6)条、第(10)条指向对环境的独立性。在马斯洛看来，具备该特征的人是积极的、负责任的、能自我约束的人，也就是说，自我实现者并非与环境隔离，相反，在与环境的互动中起着积极的作用。把该特征运用到文化领域，马斯洛认为，具备该特征的自我实现者能扎根于某一特定文化，同时超越该文化并从一个新的高度评价该文化。高一虹认为，具体到文化教学领域，因为在异文化学习过程中，学习者会不断地比较异文化与母语文化，因而具备这些特征的学习者不会无条件地接受一个已存在的价值观，而是有批判精神并对已广为接受的价值观不断再评价。

2. 对文化教学的启示

马斯洛的需求层次理论及其对应的自我实现者的特征对进行大学英语文化教学有如下两点启示。

（1）结合年龄特点进行文化教学，实施素质教育。

从认知能力上来说，大学生们经过中学的学习，逻辑思维的能力得到多学科的综合训练，开始趋向成熟，具备在教师指导下继续学习的能力。他们有充足的精力和能力去追求自己对知识的需求。而且,从大学生们的发展上来说,他们已经开始对世界、事业、人生和自我进行较清晰和深入的思考,形成相对系统和稳定的见解,并准备对自己的未来做出重要的选择。因此,大学阶段也是人生的定向时期、个性的定型时期和个体从准备投入社会生活向正式投入社会生活的转变时期,有了追求自我实现的冲动。

但是,处于这个年龄段的青年人在意志情感上还没有完全变得深沉、稳定,因此,他们容易受到社会、家庭等不良因素的影响,极个别者出现了心理障碍,甚至暴力犯罪。所以,在大学阶段通过学校教育培养学生健全的人格益发显得具有现实意义。我国目前正在推行的素质教育,从某种意义上来说,也就是要培养具备自我实现人格的人才。

然而,单独设立一门人格教育课,一方面不现实,另一方面即使设立了,也会因教条化的教学引起学生的反感,结果适得其反。所以,比较有效的办法是将人格教育融合在平常的各科教学中。正如高一虹指出的,人格的培养和完善不能通过空洞枯燥的道德原则说教来进行,而应通过具体的实践来完成。在教学中,也就意味着要通过具体的教学或训练内容、材料、活动来进行。人的总体素质的培养应贯穿教学过程的始终。因此,课堂教学对学生的心理发展、人格形成起着很大的作用。

外语学习是一次精神冒险,它使人们能够直接体会外域文化的思想观念、思维方式、价值体系和精神蕴涵,体验两种文化观念的碰撞。

正因为外语学习的特点,教师在日常教学中可以结合课本,适时地、有意识地、由浅入深地进行文化教学,让学生获得语言能力的同时培养文化意识,让他们能初步体会两种文化体系的碰撞、冲突、调节和融合。应该说,这一阶段的文化教学不仅是一项单纯的技能训练,也是一种素质教育,因为其对于学生思维方式的拓展、价值观念的形成和人格结构的塑造有重大的意义。同时,文化教学既符合心理特点和学习实际,也是促成人格完善、推行素质教育的要求。

(2)加深对母语文化的理解。

由于近代西方社会的快速发展,加上信息的快速传播,很多青年人容易羡慕西方高度发达的物质文明,不知不觉中滋生出一种崇洋心理。个别极端者竭力模仿西方文化,认为在全球化的时代需要和国际接轨,做世界公民。其实,他们知道的只是西方文化的表象,并不了解西方文化的实质和精髓。这种现象的出现,就学生而言,一方面是由于学生的年龄特点使得他们对带有异域情调的陌生文化存在猎奇心理,愿意去不断发现、尝试;另一方面是由于在英语的重要性越来越突显的今天,学生往往花很多精力学习英语,与英语接触增多的同时,也就不自觉地冷淡了母语文化。对教师而言,随着文化教学的观念渐渐深入人心,外语教师往往花费很多时间、精力去进行文化导入,而认为对于母语文化的认识是语文教师的事情。以上因素都导致学生对母语文化的不重视,造成学生母语文化知识的匮乏,这种对母语文化的淡漠,从马斯洛的观点来看,是有碍人格发展的。

根据马斯洛的观点,一个自我实现者对自我和他人都持接受和欣赏的态度。在语言与文化学习领域,这就意味着:首先,学习者没有种族主义,对不同的文化平等看待;其次,基于对母语文化和异文化较深刻的理解,学习者能对不同文化恰当评价,而不会轻易被异文化同化;再次,学习者能很好地结合不同的文化因素,不会因为接触学习不同文化而导致人格分裂,相反,学习者应该在深深认同母语文化的同时,也是一个多文化人,既是一个爱国者,也是一个国际主义者。

高一虹在1991年进行生产性外语学习研究时表明,成功的外语学习者不仅在获得与目的语文化成员相同的文化归属的同时,母语文化归属依然如旧,而且两种语言能力相互促进,对两种文化的认识也在质量和深度上达到新的水平,学习者的潜能也得到发挥,从而促使人格向更加整合、更加健康的方向发展。

其实,早在1980年,许国璋在《词汇的文化内涵与英语教学》一文中就指出,应设计这样的英语教学方案,既训练学生的操纵英语语言形式的能力,又包括发展学生智力的中文教学和英语教学。在某种程度上来说,大学英语教师的任务就是把英语教学与母语文化教学自然紧密地联系起来。

许国璋在论及外语教育目标时,历来强调外语人才必须是"文化人",力主英语教育即培养学生以英语为工具认知世界,育心益智,眼睛不只盯着那几句英文。许国璋先生所要求的"文化人"的真实内涵其实在某种意义上就是具有自我实现人格的外语人才。当然,学习外语,注重母语文化未必一定会培养出自我实现人格,但在大学这样一个人格成长、定型阶段,在英语教学中适时进行文化教学,无疑也是一个促成人格发展的机会。

(三)图式理论

1. 图式理论的主要观点

现代图式理论(schema theory)是由心理学家 F. C. Bartlett 等人提出来的。Bartlett 认为图式就是人们过去的经历在大脑中的动态组织。后来有人利用图式的概念来解释学习的过程,认为学习是把新的知识和大脑里原有的知识联系起来,以扩充原有的知识。

图式的概念可以追溯至20世纪初,起源于德国的格式塔心理学(Gestalt psychology)。格式塔心理学派的心理学家认为:人类和高等动物的学习,根本不是对个别刺激作个别的反应,而是对整个情境有组织的反应过程;学习并不是依靠尝试,而是顿悟(insight)的结果。所以,格式塔心理学派的学习说又称顿悟说。格式塔心理学派认为心理现象的最基本的特征是在意识中所显现的结构性或整体性。整体不是由个别部分拼凑而成的,它先于部分而又决定部分的性质和意义,所以整体比部分之和大。知觉并不是感觉相加的总和,思维也不是观念的简单联结,理解乃是已知事件旧结构的豁然改组或新结构。

现代心理学和语言学的发展,为现代语言教学提供了重要的理论依据。图式理论揭示出大脑储存和记忆知识的心理结构,结构主义继承了现代语言学的联系和系统观,揭示出词的语义关系。英语篇章以理性思维为基础,追求文脉和意脉的连贯和一致。这种内容与形式的协调,符合主题阅读的心理过程和要求。

皮亚杰认为,人脑中的图式是随着时间在人的生活经历中通过同化(assimilation)和适应(accommodation)两种方式而逐渐丰富起来的。人们所感知的信息和头脑中现存的图式发生相互作用,就是同化;而创造新图式来解释新情况,或是修改现存图式以使其能够符合新情况,就是适应。这就是说,人们的头脑中积累着许多图式,感知外界的信息时,人们就会调用这些图式来加以处理,来解释和吸收外界的信息。

阅读理解作为一个有各种高级神经协调运作的心智活动是有章可循的。图式阅读理论总结了在这个过程中思维神经调用大脑中的已有知识即图式进行阅读、理解的作用。语言图示完成文字解码的同时,激活了与之相关的内容图示和形式图式。这三种图式的调用及调用的速度决定了一个人阅读能力的强弱。

外语阅读是一个由许多子过程组成的信息处理过程,包括对词的理解、连词成句、连句成段,继而成文、成意的由低层次向高层次的过程。阅读水平低的人往往不能迅速、准确地处理阅读材料,这是因为他们为能力所限,需要把注意力放在各个子过程的处理上,而无法集中在高层次的过程上。他们往往要把大部分的时间用于辨别单个生词或文章的细枝末节上,无法连词成句,更无法融会贯通地理解整个语篇。而对于阅读能力强的人,阅读理解不是逐词逐句地进行单纯的"读"的过程,而是融和了预测、推断等高级心理活动的"理解"过程。

图式阅读理论认为,阅读过程是读者在语篇的各个层次上和各个层次之间的自下而上和自上而下两种信息处理方式相互作用的过程,是读者的知识和语篇所传达的信息相互作用的过程。换言之,读者已有的语言、文化背景、客观世界等方面的知识帮助读者从语篇中获取信息;而语篇中的信息反过来激活、丰富了读者大脑中已有的知识。这个理论应用在阅读教学方面,就是要使学生在阅读语言材料时调用头脑中现存的图式,激发出和作者所表达的意思相符的图式,这样才能对语言材料有正确的理解。

2. 对文化教学的启示

目前的英语阅读教学只是对文化进行零散的介绍,而未具有系统性和完整性的特点,效果也不理想。文化都是以语言为载体的,掌握了有关的文化背景知识,就可以降低语言的难度。

图式理论辅助大学英语文化教学,主要通过以下途径实现。

(1)利用综合阅读方法进行阅读教学。

多年来,英语阅读教学往往本末倒置,阅读活动一般是从词、短语到句子的活动过程,在教学过程中教师往往只强调并详细讲解新词、词组和句型的用法而忽略了课文的中心思想的分析。这种"只见树木,不见森林"的阅读教学模式难以提高阅读水平。

根据图式理论,在教学中引进了综合阅读方法,如通过介绍文化背景、略读、理解测试、篇章分析、讨论与评价、课外阅读、读书报告写作等,引导学生进行跨文化的语言交际活动。

(2)运用文化背景知识预测阅读信息。

文化背景知识的预测,是指在学生阅读前测验学生对文化背景知识及阅读材料内容的了解程度,预测能增加学生对阅读材料内容的感知力,使他们的理解更充分。这种预测可采用多项选择题和是非判断题的形式,不会占据太多的课堂时间。

阅前文化背景知识预测活动能引起学生对所选读物的好奇心和期望感,能帮助学生预测读物的某些内容,产生读的欲望。这样就能在很大程度上激活学生原有的背景知识,活跃学生的思维,为直接阅读创造条件。在阅读之前激发学生的兴趣使之对所要阅读的材料有一个心理上的准备,这十分必要。

利用文化背景知识进行阅读教学,要充分利用现有教材。有些教材虽然没有安排系统的文化教学内容,但其中的有些材料涉及英语国家的政治、经济、历史、文化、风土人情等。为了填补文化知识的空白,在讲解阅读文章时,应着重向学生介绍英汉两种语言的使用者在文化价值观上的差异,引导他们正确看待本国文化风俗习惯,运用文化背景知识和经验常识去预测信息、选择信息和排除歧义。采用适宜的原版英语阅读教材,强化适量输入和文化适应,可以弥补学生文化背景知识的不足,从而提高阅读速度和理解的准确率。

(3)充分利用现代媒体传播英语文化信息。

在图式阅读理论和教学实践中,可以看到学生背景知识或经验对阅读的重要性。在信息时代的今天,知识信息的传播媒介日益多样化和现代化,知识的更新速度也在不断地加快。作为知识型和语言技能型的阅读教学更应适应这种时代的变化,不应过于受制于特定的教材。应充分利用现代教学媒体和传播媒体的英语语言信息与外国文化信息,依据不同的知识图式和文化图式,按语域层次安排,补充教学材料和教学计划。更重要的是要结合学生的兴趣及其对社会的关注,把指定型教学与兴趣型教学结合起来,丰富阅读教学内容。

(四)意义学习理论

1. 意义学习理论的主要观点

人本主义心理学者罗杰斯认为,可以把学习分为两类,它们分别处于意义连续体(continuum of meaning)的两端。

一类学习类似于心理学上的无意义音节的学习。学习者要记住这些无意义音节是一项困难的任务,因为它们是没有生气、枯燥乏味、无关紧要、很快就会忘记的东西。所以,它们一方面不容易学习,另一方面又容易遗忘。在罗杰斯看来,学生在课堂里学习的内容,如果对学生无个人意义,那么这类学习只是涉及心智,是一种"在颈部以上"发生的学习,它不涉及感情或个人意义,与完整的人无关。

另一类是意义学习(significant learning)。所谓意义学习,不是指那些仅仅涉及事实累积的学习,而是指一种个体的行为、态度、个性,以及在未来选择行动方针时发生重大变化的学习。这不仅仅是一种增长知识的学习,而且是一种与每个人各部分经验都融合在一起的学习。

罗杰斯认为,意义学习把逻辑与直觉、理智与情感、概念与经验、观念与意义等结合在一起。以这种方式学习时,就形成了一个完整的人,即成了能够充分利用所有阳刚和阴柔方面的能力的人。他认为,意义学习主要包括四个因素:

(1)学习具有个人参与的性质,即整个人(包括情感和认知两方面)都投入学习活动;

(2)学习是自我发起的,即使在推动力或刺激来自外界时,也要求发现、获得、掌握和领会的感觉是来自内部的;

(3)学习是渗透性的,也就是说,它会使学生的行为、态度、乃至个性都发生变化;

(4)学习是由学生自我评价的,因为学生最清楚这种学习是否满足自己的需要,是否有助于帮助其得到想要的东西,是否明了自己原来不甚清楚的某些方面。

罗杰斯指出,教材必须符合学生的生活经验,因为只有增进了他的生活经验,才有助于实现他的生活目的,如升学或就业。罗杰斯还认为,只有全身心投入的学习,才会对学生产生深刻的影响和良好的效果。这样才会启发学生心智,提升其求知能力,培养其学习兴趣,从而使学生喜爱知识,而且学生将因获得成就感而更加努力。这种学习可达到知、情、意三者并重的教育目的,是最持久的、最深刻的。

2. 对文化教学的启示

(1)建立有利于教学的课堂文化环境。

在罗杰斯看来,有效的学习只能来自学生的主动性和自发性,而且全心投入。他认为传统的教育是"壶杯"教育:教师是壶,拥有理智和事实性的知识;学生是杯,是消极的容器,知识可以灌入其内。罗杰斯提出安排学生学习,不能使用这种消极的逼迫式教学,因为这种教学不但使学生感到威胁,而且不能让学生根据自己的知觉发现所学知识对自己有何意义。

为了要使学生更主动、自发地全心投入,首先可以从改变教室布局开始。我国传统的教室布局是秧田型的(固定的一排排桌椅、黑板和讲台),这种布局的目的在于让更多的学生把注意力集中在教师身上,专心听讲。但这种布局也潜在地决定了课堂的进行模式是"教师在台上讲,学生在下面听",所以,这样的教室布局也潜在地维持了传统的"教师的权威意识",教师高高在上,教师和学生之间不是平等关系,给学生一种"学习是被迫的灌输"的心理暗示,所以,这种教室布局不大有利于学生的全身心投入。

为此,在有条件的地方,可以改变教室的布局,把座位根据教学需要安排成圆形、新月形或马蹄形等;在条件缺乏的地方,教师可有意识扩大教师行为区域,把比较内向的学生安排在教室的中间,增加他们的参与机会,同时把较外向的学生安排在座位外围,以便他们带动其他学生,或者经常到学生间巡回。这样,通过创造一定的文化环境,可以增强课堂民主气氛,方便师生交流,尽量减少学生学习的逼迫感,力图为他们全心投入创造更多机会。

(2)结合流行文化进行文化教学。

根据罗杰斯的理论,信息对学习者是否具有个人意义,是信息保持的决定因素。学生学习的很多信息之所以很快被遗忘,是因为它们与学生的自我无关。罗杰斯认为教材是否有意义不在教材本身,而在于学生对教材的知觉看法。如所学材料能满足学生的好奇心或是提高其自尊感,学生自然乐于学习,因此,教师与其让学生花很多时间去死记硬背,还不如让学生花些时间去寻找知识的个人意义。

从罗杰斯的这一观点来看,结合流行文化,英语教学中的文化教学有着独特的优势。流行文化是以大众传媒为载体,以文化商品产生为特征,以社会公众为对象的流通文化,有时还被称为大众文化、休闲文化和商业文化,其常见形式有歌曲、电影、畅销书等。日本学者川本胜认为,流行文化的特点是:①新异性;②一时性;③现实性;④琐细性;⑤规模性。国内学者许士密认为,流行文化的特征是:①通俗性,容易看懂、听懂和读懂;②时尚性,非常前卫、时髦;③强烈煽动性,容易引起人的情趣起伏;④接受性,容易为青少年学生接受。这些特点使得流行文化与青少年的所思、所感密切相关,容易引起他们的共鸣,成为其生活的一部分。

另外,流行文化在满足学生兴趣的同时,也为他们提供了具体的认识周围世界的看法,能潜移默化地改变学生的生活态度。因此,结合流行文化进行文化教学,能较好地影响学生的态度和个性,避免只是"在颈部以上"发生的学习,从而较大程度地真正实现罗杰斯的意义学习。

在探讨英语文化中人的价值时,可以先引用学生熟悉的耐克运动鞋的广告词"Just do it",以及世界名表天梭表(Tissot)的广告词"Center the true self"和"Success is your business"。这样的文化教学,因为切入角度新颖,往往能吸引学生的兴趣,从而使学生易于投入教学活动,对教学内容也容易领悟和掌握。

第二节 国内英语文化教学存在的问题与改进路径

一、国内英语文化教学存在的问题

(一)英语教师存在的问题

1. 教师对文化教学不够重视

教师因素是英语文化教学能否落实到位的关键因素。但是,目前国内大部分英语教师进行文化教学的意识淡薄,不够重视,主要表现在以下几个方面。

(1)教师对文化这一概念的理解不够全面和深刻。

文化的概念难以界定,包含的内容纷繁复杂,如果没有经过专门的培训,英语教师就很难对其有一个全面、整体的了解,更别说让教师对文化的各要素之间的关系进行表述。由于缺乏系统、正规的相关专业培训,英语教师对于文化概念的理解比较片面、肤浅,他们要么粗略地认为文化的内容多种多样,要么就会简单地对一些浅层文化要素进行列举,并以此涵盖文化内容,尤其是倾向于列举那些容易捕捉、容易观察的文化现象,例如不同地域的人们在日常生活中衣食住行的差异,或者是不同国家的政治、宗教文化现象差异等。然而对于价值观念、信仰等这些隐性、深层次的文化内容,教师往往会忽略不讲,或者只是点到为止,没有进行深入探究。

因此,英语教师对文化概念的理解比较片面、肤浅,在很大程度上妨碍了文化教学广泛而深入地开展。整体看来,国内英语教师在进行文化教学时,教学内容以外显的文化行为和零碎的文化信息为主,忽略了文化的动态特征和深层文化内容。

2. 对文化教学的目的和意义理解片面

不少英语教师都认为文化教学应该融入英语语言教学,但是他们往往只能从语言与文化关系的角度出发,认为词汇、篇章等语言形式蕴涵很多文化意义,由此得出语言教学和文化教学二者不可分割的结论。

还有一部分英语教师认为在英语教学中进行文化教学的目的是在了解目的语文化和本族文化的异同的基础上,更好地与目的语文化的人们交际。

然而,这些观点都没有深入理解、全面认识文化教学的目的及其重要意义,英语文化教学的目标是追求跨文化交际能力的培养和学习者个人综合能力的提高,如果英语教师对这些目的和意义认识不够透彻、全面,那么势必就会影响英语文化教学的具体实施。

(二)缺乏规范大纲的系统指导

目前,在国内的英语教学中,文化教学尚处于依附语言教学阶段。整体看来,没有一个规范的大纲对文化项目进行明确、系统和详细的规定,所以,教师往往主要根据自己的兴趣和对外国文化的掌握来进行教学。

在具体的教学过程中,教师在教学中进行文化内容的传授,并不是因为大纲规定要培养学习者的某种文化技能,而是为了使学习者能够更好地运用外语交际或理解阅读材料。此外,教师为了吸引学生的注意力,也会向学生介绍一些差异的文化信息,从而保持他们的学习兴趣,由此可见,在目前的教学过程中,文化信息的介绍只是作为语言教学的调剂,而并不是为了文化教学本身。

不仅如此,是否开展文化教学一般由教师自行决定,而所教文化的具体内容,文化教学采用哪种方法,一般都是教师根据自己的兴趣,或选择自己熟知的或经历的、有足够准备的内容传授给学生。在大多数情况下,英语教师进行文化教学时一般不会进行精心设计,因此,在课堂教学时文化信息的介绍常常带有随意性,往往与语言教学脱节。

这种不够系统的、随意的文化教学在我国目前的英语教学界尤为突出,主要是由于我国英语教学管理机构尚未像美国和欧洲那样认识到文化教学的重要意义。美国和欧洲已明确在外语教学大纲中规定文化内容教学是外语教学的内容和目标之一,而我国英语教学大纲对文化内容的界定尚未形成体系。

(三) 教材内容在一定程度上制约了文化教学的实施

教材是英语教学的依据,因此我国的英语教学对文化教学的忽视与英语教材不无关系。目前,我国所使用的教材说明型、科技型文章所占比重较大,大多为"骨架"知识,忽视了语言形式的文化意义。教材中涉及英语文化,特别是关于英语国家伦理价值、思维方式、民族心理等精神层面文化的材料较少。可见,我国英语教材的内容限制了我国的英语文化教学。这使学生在学习英语时对非语言形式中的一些西方文化因素,如生活习俗、社会准则、价值观念、思维特征等方面了解不够。而教材的文化内容有限,主要是由于我国目前的教学实践片面追求学生书面语言能力(尤其是书面应试能力)的增强,忽略了文化因素在语言教学中的重要性。

(四) 忽视了对文化教学的评估

我国目前的英语教学的评估方法,忽视了对学生的文化知识的评估,也忽视了对学生跨文化交际能力的评估。长期以来,很多学校的考试都是只考学生的英语语言知识,而忽视了文化知识的考核。包括在我国有重要影响的英语专业四八级考试也不例外。而英语考试就像一根无形的指挥棒,指挥着教师和学生的英语学习,导致英语教学框架结构脱离了跨文化交际能力的培养,培养出高分低能的学生,尤其是欠缺跨文化交际能力的学生。

(五) 学生缺乏学习的主动性

在我国传统的英语教学中,由于长期受传统教学模式的影响,很多学生过分依赖英语教师,缺乏学习的自主性、目的性。在传统的英语教学中,教师不教语言如何运用,学生就不学语用知识;教师不介绍英语文化,学生就认识不到语言和文化的密切相关。可见,在传统的实际教学活动中,以教师为主导,学生为主体的教学模式没有得以充分体现;学生在课堂教学活动中缺乏主动性,习惯于教师的灌输式教学,极少主动翻阅相关文化知识书籍。

可见,学生受传统教学方式的影响而不善于、不积极或不方便获取相关文化的知识,是造成我国英语文化教学效果差强人意的一个重要原因。因此,要有效进行外语文化教学,学习西方文化,首先要改善我们的英语课堂气氛,提高英语课堂的文化教学效果。有关调查显示,大多数学生认为观看原版电影以及同外国人直接进行交流是学习西方文化的最好的办法。但大多数中国学生不具备同外国人直接进行交流的条件,因而电影欣赏便成为接触西方文化的主要渠道。

二、国内英语文化教学的改进路径

(一)树立正确的大学英语文化教学观念

从对大学英语教学中文化教学的实践探索中,我们不难发现,教师的作用不容忽视。教师是文化教学得以顺利进行的重要基础,也是取得卓越教学效果的重要前提。部分教师文化知识的缺乏,对英语文化了解的广度和深度无法达到文化教学的要求,难以将中西方文化有效地融入英语教学中。

此外,部分教师跨文化交际意识淡薄,将大学英语教学简单地认为是词汇、短语与句型知识的传授,致使大多数学生认为英语教学课堂死气沉沉,枯燥乏味。那么,为了弥补部分大学英语教师文化素养不高、文化教学意识淡薄的缺陷,我们一方面可以开设英语文化培训班,使英语教师以继续教育的形式加深对英语国家的历史、文化、风俗习惯、生活方式等内容的了解,从而为英语教学的改善创造条件;另一方面也可以通过"请进来,送出去"的方式,即邀请英语国家的专家学者直接参与到大学英语教学和英语继续教育工作中来,或者是为大学英语教师提供与英语国家的专家学者座谈交流的机会,或者是经常选派大学英语教师出国培训,让其身临其境地感受英语国家的历史、文化以及生活细节等。总之,以上一系列举措的目的只有一个,就是让教师树立起正确的大学英语文化教学观念,因为它是有效实施大学英语义化教学的前提,也是有效实施大学英语文化教学的基础。

树立正确的大学英语文化教学观念,要求教师在英语教学实践中将语言和文化有机地结合于一体。教师们常常会发现在英语教学过程中,学生们对于英语语言所承载的文化信息的兴趣要远远大于对纯英语语言知识的兴趣。为此,大学英语教师在向学生传授知识时应注重文化内容的讲解,因为语言教育和文化教育是相辅相成的。比如,在讲解课文时,为了达到在语言中学文化的目的,教师可以利用一些句子或者单词所蕴含的特殊文化知识来吸引学生的注意力。

另外,教师还可以适当地添加教学内容,在大学英语教学中加入适当的文化教学。这样一来,在整个教学过程中,教师与学生的多元文化知识水平与素养都会在潜移默化中得以提高。

树立正确的大学英语文化教学观念,要求教师注重西方文化与母语文化的同步输入。在大学英语的文化教学中,使学生在潜移默化中以一种批判的眼光学习英语文化,避免因过度导入西方文化,出现学生漠视甚至摒弃以汉语为载体的中国文化的现象。在讲解西方文化的同时,更要注重对母语文化的强调,通过西方文化与母语文化的同步输入,使学生在两种文化的比较学习中认识差异,在欣赏两种文化的同时获得社会交际中必要的跨文化交际意识与技能。比如在讲授"Five Famous Symbols of American Culture"(美国文化的五大象征)时,教师可以采用中西方文化对比的方法,在介绍自由女神像、芭比娃娃、哥特人、野牛镍币和山姆大叔的同时,还应导入秦始皇兵马俑、万里长城等象征中国文化的主要代表,一方面帮助学生回顾我国的历史文化,另一方面加深学生对美国文化的理解。

树立正确的大学英语文化教学观念,还要求教师树立正确的跨文化教学价值观。教师在以英语为载体进行文化教学时,应引导学生以一种求同存异的包容心态承认英语与汉语之间的文化差异,并尊重这种文化差异。教师需尤为注意的是,既要引导学生正确认识、深刻理解英语语言中蕴含的先进文化,又要防止学生错误认同、盲目崇拜英语语言中隐藏的落后文化。

(二)确立多元的大学英语文化教学目标

大学有培养学生具备人文理性和人文关怀的职责,因此,在大学英语教学中倾向于重"功利"、轻"育人",重名利而轻人文是万万不可取的。大学英语教学就是意在通过语言的学习,使学生培养并具备一种新的文化意识,能够在了解别的文化的基础上,比较鉴赏不同的文化,取其精华、去其糟粕,提升自身的综合素质。通过掌握语言的学习方法,进而养成良好的学习习惯,便能提高学习的整体效率,这也正是通识教育的主要目的。理想的、科学的大学英语教学目标应该是多元的。

结合《世界高等教育宣言》及《世界文化多样性宣言》中对多元文化目标的解读,我们对大学英语课程教学目标提出了更多的要求。

其一,要求越来越重视学生多元文化素养的培养。在经济活动全球化的背景下,人才流动已在世界悄然进行。具有多元文化素养的人才是今后各个行业中不可多得的人才,正如美国著名经济学家约翰·奈斯比特提出的"现今社会,人们争夺的不再是地理上的疆域。要想在这场竞争中胜出,各个国家必须把人才培养当作经济发展的首要任务"。多元文化素养包括了全球意识,它要求学生不仅能对外国文化吸取精华、弃其糟粕,而且还对本土文化有比较深刻的理解,保持自己看待问题和处理问题的独立性。

其二,要加强学生跨文化交际能力的培养。跨文化交际能力是一种与非本民族交往的行为能力,尤其是指避免和消除跨文化冲突、形成和发扬跨文化融合的能力,它包括以下几个方面:一是跨文化认识能力,即通过观察、走访、调研、阅读、分析、沟通等形式加深对英语文化的理解,使学生具备一定的认知与沟通能力;二是跨文化比较能力,即通过比较母语文化与英语文化的异同,使学生加深对两种文化的理解,从而促进本民族文化与全世界文化的共同发展;三是跨文化取舍能力,即在认知英语文化后,选择学习或舍弃其中某些成分,使学生在英语学习中树立汲取西方文化先进部分,舍弃西方文化落后部分的意识,取其精华,去其糟粕;四是跨文化参照能力,即在认知英语文化后,不仅对英语文化进行取舍,更以英语文化为参照对象,发现汉语文化中值得发扬或者应该舍弃的部分;五是跨文化传播能力,即在与异民族交往的过程中,主动让异民族了解本民族的文化,这也是英语文化教学的终极目标。

其三,各校应结合自身特点制定不同的教学目标。各高等学校应参照《教学要求》中的总体要求,根据本校自身的实际情况,制定科学、系统、个性化的大学英语教学大纲,指导本校的大学英语教学,有条件的学校可以为本校的不同专业确立符合专业就业领域、充分体现专业特点、彰显个性化特征的教学目标,这样的教学目标才更有针对性,才能为取得最佳的教学效果奠定基础,才能为社会更好地服务。

(三)选择合适的文化教学材料

在教学材料的选择上,教师不要仅仅局限于作者为英语母语者的材料,因为这些材料大都反映了英美人的生活理念、价值标准、社会制度等。过多地输入这些材料,可能使学生误以为这就是英语文化,从而忽略了其他英语非母语国家的文化。

其次,学习材料的选择也需要考虑本民族的宗教理念和价值观。一些对西方学习者来说无伤大雅的图片和语言可能对某些民族或宗教团体来说却是不能接受的。此外,也应当注意到对于欧美文化的过度输入也可能导致对本族文化的遗忘或轻视,因此,有必要使学习者在学习英语的同时也了解本土文化。但是我们提倡选择与本民族文化有关的学习材料,并不是否认对涉及其他民族文化材料的输入和认知,毕竟文化多元化意识是成功交际的关键。

(四)形成科学的英语文化教学评价体系

目前我国大学英语学习的评价方式主要是基于最终结果好坏的评价,无论是教师还是家长,就是用学生最后英语考试成绩来评判学生英语学习能力的高低。这种评价方式不仅忽视了学生在学习过程中的主观能动性,而且不易激发学生对英语的兴趣。况且站在英语教师的立场上,这种评价机制也不能激发他们对英语教学内容与方式进行改革与探索的积极性。《大学英语课程教学要求》指出:"改变教学评价过分强调甄别和选拔的功能,发挥评价促进学生发展、教师提高和改进教学实践的功能。"因此,大学英语文化教学的评价体系要体现多元化的评价主体和多样化的形式,采用"形成性评价"和"终结性评价"两者相结合的方式。

形成性评价就是在多元文化教育理念的倡导下形成的产物。所谓形成性评价,就是"在日常学习过程中对学生的表现、取得的成绩以及所反映出的情感、态度、策略等方面的发展"做出的评价,其目的就是"增强学生的自信心,让其能够获得成就感,并能培养其合作精神,激发学生养成自觉学习的习惯,从而帮助学生有效调控自身的学习过程"。形成性评价包括了多种形式,有学生之间的相互评价、学生的自我评价、教师对学生的评价、教育部门对学生的评价等,它主要通过对学生课内、课外活动的记录,学习档案记录,网上自学记录,访谈和座谈等方式进行观察、监督和评估,达到促进学生努力学习的目的。

另外,除了在教学评价形式和评价主体上体现多元化外,还应在评价内容上进行调整,增加中英文化知识的考核比重。目前高校的大学生学习英语主要是想通过考试顺利拿到学分。但是考试以什么样的形式考查、考到哪些内容在很大程度上决定学生的学习方向。目前,我国的英语专业四、八级考试已经在检测内容中增加了中英文化内容方面的考核,从而使得这些英语专业的学生不得不主动地去加强多元文化知识的学习,如2010年英语专业四级考试作文就以"文化火锅"为题,要求考生根据所给图片对文化冲突与文化融合进行阐述与分析,以考查考生对中西文化的理解与运用。为此,我们在大学英语四、六级考试以及研究生入学英语考试等其他各类英语相关的考试中都可以有效地使用考试这根指挥棒,增加对中英文化知识内容的检测。因为应试者数量比较多,如果在试卷中体现文化教学的重要性,则能加快师生们对大学英语文化知识教育的观念转变,促使学生和教师在进行大学英语学习和教学的过程中更加注重对中英文化内涵的认识。

大学英语文化教学的评价体系既要关注结果,又要关注过程,使对学习过程的评价和对学习结果的评价达到和谐统一。

第三节 英语文化教学的实施与评价

一、英语文化教学的实施

(一)英语文化教学实施的具体策略

1. 文化讲座

讲座作为传授知识的一种有效手段,对于文化教学来说是必不可少的。跨文化交际能力的培养需要学习者了解和掌握相关文化知识,如文化的本质特点和功能,文化包含的内容和范畴,不同文化的价值观念和习俗规范等,都可以通过讲座的形式传授给学习者,不同文化主题构成一系列的文化知识讲座,有利于学习者进行系统文化知识的学习。

在实际的英语教学中,文化讲座教学可采取以班级为单位,以教师为中心的方式,通过演讲直接向学生传授有关目的语和目的语使用人群的文化知识。

文化讲座使教师对课题顺序、时间掌握等方面有极大的控制权,因此能够确定在教学完成时学生有可能获得的成果。文化讲座对班级的大小没有严格限制,以专题顺序组织的文化讲座有利于充分利用教师资源。

从教师的角度看,文化讲座一般会汇集最新的研究方法和最新的研究成果,以及本人的学习心得与体会,因此能够提供给学生很多宝贵的信息资源;从学生的角度看,其在听文化讲座的同时,听、写和观察能力也会得到一定的训练和提高。

在文化教学中,文化讲座教学方法主要适用于以下几种情况:

(1)教师向学生介绍文化新领域的某一可叙述或可描述的知识,学生可以通过讲座掌握总体概况或基本概念的知识时,可以运用文化讲座的形式。

(2)教师在讲解一系列可以通过主题来分类归纳的相关文化事实时,可以用系列文化讲座的形式来完成。

(3)当教师具备或拥有特别的教材时可以进行文化讲座,这些本身已为文化讲座的内容和教学铺平道路,教师在教学中能实现教学相长,学生也能从教师的特殊教材中获益。

第二章 英语教学中的文化教学

（4）学生自学或阅读某些具体的文化资料十分困难时，教师可以通过文化讲座解决学生因理解困难造成的误解。

（5）在教师给学生布置有关文化学习的研究任务之前，学生没有掌握所需的基础知识时，可以通过文化讲座来进行传授。

但是，文化讲座提供给学习者的大都是间接的经验，而且大量冗长的讲座往往会使学习者感到厌倦，所以教师在设计讲座时应该力求简明扼要、生动有趣，而且还要辅之以其他方法来强化讲授内容。

2. 文化包与文化丛

（1）文化包。

文化包策略是由外语教师 Taylor 和人类学家 Sorenson 于 1961 年提出的，这种策略由教师向学习者讲述母语文化和目的语文化之间的某个本质差异，并借助多媒体手段向他们呈现这一差异的具体表现，然后教师给学习者提出若干问题，由此展开讨论。

这种策略具有选材灵活、便于组织课堂教学的优点。教师可根据需要，选择具体的文化主题，如习俗、日常语言交际和非语言交际行为，也可以选择抽象的思维模式或价值系统作为主题，然后结合所教授的内容进行文化对比讲解或发动学习者进行文化对比讨论。但需要注意的是，比较的内容不一定仅仅局限于横向的、文化间的对比，也可以包括纵向的、文化内部的变迁。

这种策略强调将母语文化和目的语文化进行对比，有助于学习者清楚地了解和认识所要掌握的内容，从而培养他们的跨文化意识。此外，它还更多地要求学习者进行讨论，并通过视频和音频获得感官刺激。所以这种策略可以充分调动学习者主动参与课堂教学的积极性，增强其自主学习的能力。

（2）文化丛。

文化丛又称文化群，是在文化包基础上的进一步拓展，由讨论同一文化主题的若干个文化包组成。

文化包可由学生在课外准备，然后在课堂上进行演示。在上了几个文化包之后，便可以综合它们的内容进行一次 30 分钟左右的讨论，较为深入细致地消化这一中心主题的内容；还可综合几个文化包的内容，由大家参加，表演目的语文化的一个情境。如可以将"圣诞节"这一文化主题细分为基督降生、圣诞老人、圣诞树、圣诞节的送礼习俗等子题，每个子题可以设计成一个或多个文化包，供教师和学生在课堂上使用。

众所周知，文化涉及面广，内容纷繁复杂。因此，通过文化丛进行文化教学是目前一种行之有效的方法。首先,该方法便于确定教学范畴和重点。对于主要介绍什么,介绍哪些方面,教师可根据学习者的学习程度、兴趣等来组织教学,充分发挥教师的主导作用和创造能力,同时激发学生的学习兴趣,调动其学习积极性。其次,用文化丛进行文化教学,有利于学习者全面、系统地了解和学习目的语文化,从而增强他们的跨文化意识。

3. 文化欣赏与文化参观

(1)文化欣赏。

文化欣赏是以班级为单位的教学活动,教师以主持人的身份组织学生根据预定的计划就某一文化事件或某一文化专题,代表个人或小组向全班作汇报式演讲。

进行文化欣赏可以采取不同的形式,可以是纳入教学大纲、按序列专题进行的演讲;也可以是总结性的文化欣赏,即在文化专题学习之后,组织汇报演讲,以陈述为主;还可以是即兴的或随意的文化欣赏。

在英语文化教学中,使用文化欣赏教学策略有以下优势:可以增进教学安排的灵活性和学生自主选择专题的主动性。可以增进学生之间的彼此交流和互相学习。可以公平分配学生的表现机会和在课堂上所占的时间。教师也可以从学生的表演中获得新的经验。

在英语文化教学中,使用文化欣赏教学策略时,教师不能事先预知学生的表演内容,同时要具备灵活应对课堂上会出现的问题的能力;学生也要积极配合,同时要具有很强的自主学习能力和很高的积极性。

(2)文化参观。

文化参观本是文化人类学和社会学经常采用的一种实地考察的研究方法,研究者与研究对象同吃同住,对他们进行参与性的观察,从"圈内人"的视角来分析、描述某一群体的社会和文化活动。

随着跨文化交际研究和跨文化英语教学思想的兴起和发展,这种方法逐渐被应用于跨文化培训和外语教学,拓宽了跨文化英语教学的渠道,成为一种语言与文化学习和个人综合能力的有效培养方法。

参与观察法对英语教学中的文化教学有很大的促进作用。首先,它可以改变以往英语教学中"重知识、轻能力"的理念,通过对文化知识在具体场合应用的体验,将认知学习与体验式学习有效结合,实现知识向能力的转化。其次,学习者通过参与和观察目的语文化的某些活动和侧面,获取学习和研究该文化的第一手资料,即通过具体文化学习来提高他们与来自不同文化的人进行交往的跨文化交际能力。

具体看来,跨文化英语教学中的文化参观教学方法就是以学生为主体,以教师为辅导,在课堂时间或者课外时间,以某个文化专题为学习任务,以参加统一观摩活动的方式来实现预期的学习效果。

文化参观的教学一般在非正式和比较宽松的环境中进行,娱乐性和趣味性较强,能够有效地调动学生的主观能动性,使他们能够主动地观察、接触、研究、总结文化知识。体验式和归纳式是这一方法的主要特点,学习者可以获得跨文化交际的体验,了解跨文化交际的一般规律。

在跨文化英语教学中,文化参观教学策略适用于以下两种情况:

①教师想要测试学生独立工作、综合分析文化知识的能力时,可以安排学生参加文化展览并完成某一学习任务。

②某一文化教学单元结束,学生共同具备了有关专题的文化知识后,可以参观适合该专题的文化展览。

由于学习任务不明确,学生自主选择时间进行的文化参观有可能会变成走过场,学习效果不明显。因此,文化参观教学方法一般不能作为常规的教学方法使用,而比较适合作为一种辅助性的教学方法。

4. 文化合作与文化研究

(1) 文化合作。

文化合作策略是一种以任务为本的教学策略,指的是学生在小组中以合作的方式来完成某项语言文化活动。

在英语文化教学中,使用文化合作教学策略,有利于学生独立思考能力的培养;有利于学生按照各自的专长与能力分工合作,发挥个人专长,互相学习;有利于强化学生对自己学习的责任感和对同学学习进展的关心;有利于学生及时得到别人的评论和反馈。

在教学过程中,使用文化合作教学策略,教师需要注意以下几点:

①采取这一教学策略要符合教学的目的,有适合的教学时机,而不能为了使用策略而使用策略。

②教师应该在活动前要提供示范,解释清楚活动目的、程序和预期结果,使小组成员了解自己要进行的活动。

③教师要根据学习任务准备和分发必要的讲义,列出学习指导纲领和活动的要求。

④教师应当采用适当的公平的评价方法来检测学生的学习成果,测验的手段和评分的标准必须要能够反映出小组合作的成就和小组成员的个人贡献。

(2) 文化研究。

文化研究策略是一种以研究和调查形式为主的教学策略,有利于调动学生学习的积极性,帮助学生深刻理解语言和文化的关系。学生在研究的过程中会意识到过去所学知识的重要性,同时也有利于听、说、读、写四项语言技能的全面发展。在进行文化研究时,教师要鼓励学生完成这项极具挑战性的学习任务,并适时给予学生有力的指导。

在英语文化教学中,文化研究教学策略的实施包括以下六个步骤:

①文化研究课题的提出。

②回答确定的研究问题所需信息和资料的选取。

③搜集文化信息与资料的方法的确定。

④原始资料的整理、归纳,以便分析解释。

⑤归类信息与资料的分析,从中找出答案。

⑥回答研究问题的答案的总结、分析和确定。

在英语文化教学中,文化研究教学策略适用于以下几种情况:

①教师期望学生有效地利用课外时间,巩固加强其学习语言文化的成果,激励其学习积极性时,可以运用文化研究的形式。

②学生学习的文化课题有相当的深度和难度,仅靠以教师为中心的文化讲座无法达到预期目标,采用其他的策略也受到一定程度的限制时,可以运用文化研究的形式。

③教师期望学生不仅在跨文化交际技巧方面有所提高,而且在研究技巧、研究方法、互相合作和探索精神等综合能力方面也有所提高时,可以运用文化研究的形式。

④学生在学习过程中对某一问题产生了强烈兴趣并对此产生了截然不同的假设和论点,为了澄清学生的观点,让大家全面了解这一问题时,可以运用文化研究的形式。

5. 文化会话与文化表演

(1) 文化会话。

文化会话教学策略就是以小组为单位、以学生为主体、以教师为辅导、以围绕语言功能而展开的口头交际活动为主要形式的课堂教学策略。

在英语文化教学中,使用文化会话教学策略的优势主要体现在以下几个方面:一是可以提高学生参加讨论和交际的积极性,提高学习的兴趣,增进学习的效果;二是可以使小组成员有较多的机会参与教师设计好的学习任务,避免大班教学中学生说话机会较少的现象;三是可以为每个成员提供体会不同社会角色的机会,训练学生的交际能力。

影响文化会话开展的因素主要有以下几个方面:

①教师是否准备了完整的指导纲领,如会话的程序、有多少句式需要练习等。

②教师是否建构了合适的学习环境,如教室桌椅的安排、交际情景等。

③学生是否作了充分的准备,如课前阅读、听录音等。

④学生是否明确学习的目标,如会话主题、功能等。

⑤学生是否全心全意地投入。

⑥教师在得到学生的反馈后,是积极采取措施,还是置若罔闻,听之任之。

⑦教师是否经常干预学生,是纠正偏题还是指明方向等。

⑧师生是否达成了默契,是否建立了良好的互动关系,是否按时按计划地达到了目的。

为了保证文化会话的有效实施,教师在做准备工作时,要注意以下几个方面的问题:一是在分配小组时,要充分考虑学生的个性、能力、性格等因素,努力建立一个互相尊重、乐于助人的集体,并选择一个合格的组长;二是在小组活动开始之前,教师要简要明确地交代活动的目标和要求,活动进行时要适时监控各个小组的活动情况,并准备好冷场时的应急措施;三是在小组的文化会话活动结束之前,想好如何总结活动情况。教师要注意做全班性的总结,并鼓励、评价学生的活动。

(2)文化表演。

文化表演策略指的是学生根据教师提供的假设的交际场景,扮演不同的角色,在小组内或大班内汇报演出他们的交际行为。一般来说,文化表演适合在小组(2~4人)中进行预演,然后在全班表演。文化表演有以下三种形式:

①即兴的、简单的、根据教师提供的文化场景临时产生的交际行为。这种表演形式适于新课或完成一个单元教学之后,培养学生即兴表演的能力。

②依照课本上的对话,做模仿练习、练习对话。这种表演形式比较容易,简短的表演脚本能够为参加表演的学生提供清楚的框架,同时教师也可以允许学生准备提示卡片以减轻他们的心理压力,但学生的交际活动过于公式化和简单化则不利于真正了解目的语文化。

③教师结合前两种活动的特点,给出活动场景要求学生设计更为复杂的交际脚本。这种表演形式适合在综合复习阶段使用。

在英语文化教学中,使用文化表演的优势主要体现在以下四个方面:一是可以为学生提供积极参与的机会,学生的表演活动不是被动接受知识,而是主动参加交际;二是有助于学生自尊心与自信心的提高;三是可以为学生提供一个没有教师过多干预、没有威胁、解决文化冲突的"安全"环境;四是有助于锻炼学生的人际交往的能力,增强其在公众场合的交际能力。

需要注意的是,课堂教学往往会受到课时的制约,而文化表演一般需要很长时间的准备和演练,因此,文化表演教学策略不适宜经常运用。

(二)英语文化教学实施的原则

1. 坚持有序性原则

有序性原则主要包含以下两层含义:一是指文化教学内容的编排要体现文化知识本身的逻辑结构及其系统性;二是指文化教学的活动要结合文化知识本身的逻辑结构和学习者的身心发展情况有次序、有步骤地进行,从而使学习者能够有效地掌握系统的文化知识,全面理解目的语文化。有序性原则是文化知识本身系统性的要求,也是教学制约于学习者身心发展规律的反映。文化知识像其他科学知识一样,也有其自身的科学体系。学习者学习文化知识就必须参照其逻辑顺序,掌握其基本结构,否则,难易颠倒,杂乱无章,会造成学习上的困难。

具体而言,有序性原则要求教师在教学过程中做到以下几点:

(1)在文化导入内容的选择上,既要注意各个层次文化知识内部的系统性和序列性,如价值观体系内部的系统性和序列性,又要注意各个层次文化内容之间的相关性,如宽泛的文化环境知识和情境文化知识或价值观体系和社会规范之间的相关性。

(2)在文化导入内容的编排上,要根据学习者的认知特点和思维发展规律合理地安排不同学习阶段文化导入的内容。学习者的身心发展,尤其是智力的发展,是一个从不成熟到成熟、从不完善到完善的有序过程。学习者的认知发展由简到繁、由浅入深、由粗到精,思维能力的发展也要经历一个由形象思维到逻辑思维,再到辩证思维的过程,记忆也要经过由机械记忆到理解记忆的过程。根据学习者智力发展的规律,英语文化教学内容的安排要从简单、具体的文化事件到概括性的文化主题,最后才应是对目的语社会的全面理解。相应地,第二语言教学中文化教学的目标要求也应根据不同学习阶段学习者的学习特点,从以感性体验、感性认识为主逐步过渡到以理性认识和理解为主。

2. 坚持文化平等原则

世界上各个民族历史文化传统不同,生活环境、发展程度不同,但各种文化都是平等的,各种不同的文化并无好坏之分。各民族文化都是经过一代又一代传承、积淀形成的历史渊源。文化平等意识是双向文化导入的基础。

跨文化交际是两种不同文化间的交流,是本土文化和目的语文化间的交流,其实质是在相互平等、相互尊重的基础上充分理解对方而不改变自己的平等交际。文化相对论认为,每一种文化都是其社会生活发展的产物,是用来满足该文化群体的生活和精神需要的,因此不能用好坏标准来判断。中西文化都有自己的特点,因此,对待中西方文化既不能自卑又不能盲从,在教学中要客观地以无歧视、无偏见的态度来对待异族文化。只有相互尊重、相互学习,才能达到共同繁荣。

在文化教学中,必须克服以本民族的文化标准来衡量或判断对方的言行的想法和行为,避免用本民族标准来判断好坏对错。只有在相互尊重的基础上,才能以平和的心态去审视、吸收另一民族文化的精华。因此,在英语教学中,教师必须让学生树立文化平等意识,只论异同,不论褒贬,以中立的态度理解和学习西方文化,同时,又要学会用英语去讲述中华民族的灿烂文化。

3. 坚持适度性原则

适度性包括材料的适度性和教学方法的适度性。材料的适度性指所选择的材料要能代表主流文化,而教学方法的适度性指教师应该创造机会让学生进行探究式、研究式学习。

在文化教学中的所谓适度,就是根据教学任务和目的的需要,适度地教授所需要的文化内容,而不是无限制的或不考虑学生接受能力的文化教学。适度的标准应以能扫除"当前文化障碍",适当考虑"尔后文化障碍"为限,即在教学中遇到文化障碍时只根据此时此景的障碍而进行必要的背景文化介绍,其面和度可适当放宽一些,以便为今后遇到相同或类似障碍时扫清道路。

另外,适度性原则也是有限的教学时数的要求,缺乏针对性而宽泛、深入地介绍文化背景知识,势必占用宝贵的教学时间。因此,点到为止或稍加发挥就是所谓的适度。

4. 坚持灵活性原则

在文化教学中,文化知识的理解相对容易,但是要让学生学会在跨文化交际中对文化知识运用自如却并非易事。为了取得更好的文化教学效果,更有效地培养与增强学生的跨文化交际能力,教师应该对不同的学生,按不同的教学要求,灵活采用不同的教学方法,以激发学生的学习兴趣,调动学生学习文化的积极性。例如,教师可以通过开办文化知识专题讲座、组织小组讨论、进行角色表演等多种方式引导学生学习文化知识。

文化内容广泛复杂,而教师的讲解毕竟是有选择的、有限的。因此,在英语教学的过程中,教师应该将文化教学的场所延伸到课外,做到课内外相结合,开展内容丰富、形式多样的课外实践活动,以此加强学生的实际运用能力。例如,教师可以通过开展读书活动、英语角、英语晚会等方式,帮助学生不断积累文化知识,使学生的语言知识与文化洞察力同步增长,语言技能与文化能力同步增长。通过这些活动,学生不仅可以学会以正确的语法结构、恰当的语义和适合场合要求的外语进行交际,而且可以提高信息获得的准确性,减少交际中的误会,从而增进互相了解。

5. 坚持有效性原则

英语学习的最终目的是具备跨文化交际能力。有效的交际除了共享同一语言系统之外,还依赖于交际双方对宽泛的交际环境、具体的交际环境——情境因素和规范系统这些相关因素的理解和掌握。这里宽泛的交际环境包括文化环境、心理环境和自然地理环境因素等。具体的交际环境——情境因素是指交际双方的社会地位、角色关系、交际发生的场合、所涉及的话题等。而规范系统是指某一社会成员规定的行为方式,以使其能被本社会的其他成员所理解。跨文化交际双方要想进行有效交际,必须考虑以上这些方面。因此,英语教学中文化内容的选择必须包括价值观念文化、地理文化、情景文化、社会规范文化(言语规则和非言语规则),充分考虑文化内容的有效性。

6. 坚持因材施教原则

虽然尊重学习者和注意因材施教的原则对几乎所有的教学活动都是适用的,但是对于文化教学而言,这一原则有着特别重要的意义。这是因为学习者的文化体验和价值观、世界观和思维等个人因素在文化教学中起着重要的作用,它们是文化教学(在一定程度上也是语言教学)的基础,因为跨文化交际能力的培养需要从学习者现有的文化体验出发,通过将本族文化与目的语文化和其他文化进行对比,来增强跨文化意识。

因此,在文化教学过程中,教师一定要尊重学习者的个人体会、文化背景、价值观念、思想感情等,不能对学习者及其思想感情持有轻视、蔑视、否定及批判的态度。

此外,任何学习者都有自己的学习风格和方法偏好,在以学习者为中心的跨文化交际英语教学中,因材施教就显得尤其重要。一般来说,不同的学习风格对应不同的教学方法,所以教师应该对学习者的学习风格有所了解,并选择和设计合适的教学方法。

二、英语文化教学的评价

(一)英语文化教学的评价内容

1. Valette 的观点

Valette(1986)将文化意识、社交礼节、文化差异(包括社会习俗、语言的文化含义等)、文化价值观、目的文化分析(即文化研究方法)等列为文化测试的内容,并针对每一项内容设计出各种形式的测试。她的研究无论从内容涵盖面,还是测试方法和形式上都是较为全面合理的,可谓是当今文化测试的楷模。

2. Seelye 的观点

Seelye(1993)认为文化测试的具体内容应该包括下面几个方面的内容:文化行为的含义和功能、语言与社会因素的相互作用、行为习惯、词和短语的文化内涵、有关一个社会的评价性的陈述、对另一个文化的研究以及对其他文化的态度。

Seelye 的研究没有将文化事实和信息作为教学和测试的主要内容,而是强调文化在社会中的功能、文化与语言之间的相互作用、学习者对其他文化的态度和其文化研究能力等。这些测试内容在很大程度上反映了文化教学的目的和宗旨,如果应用于测试和评价一定会对文化教学起到积极的指导意义。但是,就测试和评价的实际操作而言,这些目标不够具体和现实,可操作性不强。

3. Lafayette & Schulz 的观点

Lafayette & Schulz(1997)将文化知识分为主动知识和被动知识,认为只有文化知识、文化理解和文化行为才可能被测试和评价。这里的文化知识指的是认识文化信息和形式的能力,理解指的是解释文化信息和形式的能力,行为指的是应用文化信息和形式的能力。

由此可以看出,Lafayette & Schulz 有意放弃了对态度的测试和评价,因为他们认为态度目标不是课堂教师能够直接控制和把握的,很多外界因素对学习者的态度影响很大。相比较而言,这样的文化测试内容更加现实和具体一些。

将文化能力分解文化知识、文化理解和文化行为进行测试和评价是一种很实用、又易于准备和操作的方法,对于文化教学刚刚起步、文化教学研究尚未成熟的国家和地区不失为一个好的开始。

但是,它的主要测试内容仍然是学习者对文化信息的了解(如业余爱好、交通等)和一些简单的、关于日常生活的行为习惯(如打招呼、告别等),忽略了很多重要的文化教学内容,特别是跨文化意识、跨文化交际能力和文化学习能力等,因此,在一定程度上也具有很大的局限性。

4. 张红玲的观点

综合各位来自跨文化培训和外语教学界各专家的观点,国内学者张红玲(2007)从具体文化层面和抽象文化层面对文化测试和评价应包括的内容进行了研究。

在具体文化层面,张红玲认为,文化测试和评价的内容应包括文化知识、文化价值观念、文化功能、文化差异以及交际能力。其中,文化知识指的是有关目的文化的历史、地理、政治和社会等宏观层面的知识;文化价值观念指的是目的文化的世界观、价值观和信念及其对人们日常生活和工作的影响;文化功能指的是目的文化在其社会各种场合的功能,在语言使用中的体现,在个人生活中的作用,这是文化的微观层面;文化差异指的是目的文化与本族文化的差异;交际能力指的是使用目的语言和以上相关文化知识与来自目的文化的人们进行有效、恰当的交流。

在抽象文化层面,张红玲认为,文化测试和评价的内容应包括文化意识、文化学习能力以及跨文化交际能力几个方面。文化意识指的是对文化差异具有敏感性,能够用不同的文化参考框架去解释文化差异的意识和能力;文化学习能力指的是具备文化探索、学习和研究的方法的能力;跨文化交际能力指能够灵活应对不同文化,与来自目的文化和其他文化群体的人用英语进行恰当、有效的交流的能力。

通过以上分析可以看出,文化教学的丰富内容要求测试和评价的形式也要多种多样。由于文化内容的教学应该贯穿小学、中学以及大学等不同的阶段,教师还应该根据不同阶段的语言和文化教学目标的需要,对测试和评价内容进行选择。而且,文化教学的测试和评价还必须要与语言内容的测试和评价有机结合。

(二) 英语文化教学的评价方法

1. 传统的客观定量方法

当外语教学从以语法、词汇和阅读为中心的教学模式发展到以培养交际能力为目的的教学模式时,外语测试也逐渐从强调认知理解和规则记忆的纯语言测试发展到包括听、说、读、写各种能力,强调语言使用和交际能力的测试。

这种测试内容的改变在很大程度上促进了学习者语言能力的综合发展,但是,与纯语言测试一样,目前所使用的很多测试仍采用客观、量化的传统形式,如选择题、正误判断题、填空题等。这些测试形式将语言和文化知识技能分割成易于准备、量化和分析的、独立的考试项目,具有客观、科学、公平和高效等优点。但是,随着教育研究的不断发展,这些传统的测试形式越来越受到质疑和抨击。很多研究者认为这样的测试方式建立在一个衡量人类学习和认知发展的不完美的基础上,从而会使教师沾染上不恰当的教学理念,从而进一步妨碍学生的才智发展。

由此可以看出,传统的测试形式有其特有的优势,在大型的、需要标准化测试的情况下仍然具有一定的实用价值。但是,它们对评价学习者的学习过程和学习结果却存在很多不足和偏差,在很大程度上给教师的教学和学生的学习起着误导作用,进而影响整个教学活动。

2. 现代定性分析评价方法

测试通常以教学内容为基础,但是教和学之间总是存在着差距,以学习和学生为中心的现代教学思想要求教师要重视学生的学习过程和学习结果。而且,根据皮亚杰的学习理论,学习是一个经过多个学习阶段积累的过程,学习者的学习和进步必然是有快有慢,所以,不能用同一标准对所有的学习者同时进行评价。

针对客观定量测试评价方法的局限性,一些研究者提出,对语言进行测试,要超越狭隘的科学性的束缚,变测试为评价,并要包括对文化学习的评价。所以,语言测试要注重语言创造性的一面,以学习者对语言不同变体和对这些变体在不同语境中如何使用的理解为测试重点。

基于此,现代英语教学开始借用"真实评价"和"表现评价"的思想,采用一些定性分析的评价方法,目前较为典型的有作品集评价法和观察描述法。前者指的是一种广泛应用于阅读、写作、艺术等教学领域的评价手段,是对学习者付出的努力、进步的情况、学习的态度和最终的成就等多个方面的综合评价,后者指的是通过对学习者在课堂、课外的行为表现进行观察来描述、评价他们的行为的方法。这两种都是典型的形成式评价方法。

相对于传统的测试形式来说,定性分析评价法更关注学习者的认知、心理和行为各个层面,而不仅仅是认知的理解和记忆;更注重能力的评价而不仅仅是知识;更注重学习者知识和能力的发展过程,而不仅仅是结果;而且还可以让学习者参与、了解评价过程,有助于他们对自己的学习进行反思。

这样的评价方法符合跨文化英语教学的需要,因为文化教学很多目标的检验很难通过传统的纸和笔的测试形式来完成,尤其是文化意识、态度和行为以及文化探索和学习方法等目标层面,只有通过观察学习者在学习过程中的努力、在真实的环境中的表现、学习任务的完成情况等,才能获得一个较为准确的描述和评价。

此外,无论是语言交际能力,还是跨文化交际能力都包括认知、情感和行为多个层面。学习者的行为表现和情感素质只有通过这样一些关注能力发展过程的方法才可以得到更全面的判断和评价。

最后,这样的评价方法还可以提高学习者的学习积极性。大多数学生对那些鼓励他们死记硬背零碎信息的测试非常不满,但是迫于分数的压力,他们只得在考试来临之际,临时抱佛脚,对考试内容进行机械的记忆。这样的测试不仅不能正确评价他们真实的学习情况,而且,由于很多这样的测试与他们平时付出的努力没有太大关系,因此打击了他们学习的积极性,使学习过程显得苍白无味。采用综合评价的方式来评价学生的学习情况,就能在很大程度上避免这些问题,学生对学习过程的热情就会因此而高涨,从而可以纠正以考试为导向的学习思想。

不仅如此,以学习过程为重点的评价方法将评价看作是学习过程的一部分,学习者可以参与到评价活动中来,与教师一起确定评价的内容和标准,从而改变了学生通常所处的被测试、被评价的被动地位,使他们能够更多地反思自己的学习过程,有利于培养他们自主学习的意识和能力,对他们当前的学习和以后乃至终身的学习都是大有裨益的。

但是,考虑到定性分析方法所需要的时间、人力和教师培训所需花费的财力,这种评价方法的效率远远低于传统的测试手段。尤其是在像中国这样人口众多、教育资源有限的国家,定性分析的评价方法的广泛开展还是存在一定困难的。即便是在经济发达、教育资源充足的国家和地区,客观、标准化的定量评价方法也不可全盘否定。所以,最好的测试方法是将两种方法结合起来使用,形成优势互补。

第三章　构建基于跨文化交际的大学英语教学模式

在过去的一个世纪里,随着语言学理论、语言学习理论和其他学科诸如心理学、社会学、人类学和教育学等理论的成熟,语言教学法的各种流派纷纷出现,外语教学与研究取得了丰硕的成果。到目前为止,比较系统化的外语教学法不下20种,外语教学者可有许多选择,但这些教学法基本上都是以语言知识和技能为中心,对文化教学始终未给予足够重视。

第一节　文化因素在语言教学中的重要性认识

外语教学应该包括对学习者语言能力、语言运用能力、社会文化能力和跨文化交际能力的培养。其中跨文化交际能力的培养首先涉及对本族文化和目的语文化的态度转变。无论对于研究者还是普通外语学习者而言,文化能力即有关风俗、习惯、价值观、信仰和意义系统的知识,毋庸置疑地应该成为外语学习不可分割的一部分。许多教师已经开始把文化教学作为一个教学目标融入语言课程中。在过去20年中已经受到足够重视的交际能力,强调的是"语境"的作用,认为在不同情境中交际者应该得体地运用语言。语境中蕴含着文化规则,发生在具体语境中的交际行为受文化的限制,所以实现有效、得体的交际要求交际者既了解语言的语法知识(语法能力)又能够解读语境中暗含的文化意义(文化能力),两种能力相互补充形成交际能力。当然,我们早已对以"行为主义模式"为中心的语言学习方法进行了批判,在此模式下,语言学习就是句型模仿,语言就是用来表述事件的词和句子的简单组合。

在过去20年中,研究语言与社会的关系成为潮流,外语教学方法与手段、教学模式发生了很明显的转变。然而,仍然有一些与语言教学的本质有关的信念深植于人们心中,决定了外语课程的内容,这种信念潜移默化地削弱了语言课程中的文化教学,阻碍了学生跨文化交际能力的培养。把语言仅仅当作一种符号,只学习语法规则无疑是一种错误的观念。在某种程度上,如果只对与语言有关的社会动态给予关注,而不能对社会和文化的结构有深远的洞察力,也可能导致跨文化交际中的误解。所以,外语学习就是外国文化的学习,在外语课堂中应该教授文化,这是毫无疑问的。值得重视的是,"文化"的含义是什么?怎样才能将文化融入语言教学中?克拉姆契认为,文化之于语言学习不是可有可无的第五种技能,它附属于听、说、读、写的教学。从学习外语的第一天起,文化就一直存在于背景中,时刻准备着扰乱不设防的学习者,挑战他们认识周围世界的能力,使学习者们意识到他们辛苦学得的交际能力的局限性。

缺乏了文化因素的外语教学是不准确的,也是不完整的。对于外语学习者,如果他们对于以目的语为母语的人们的生活习惯或是国家状况一无所知,那么语言学习是毫无意义的。学习目的语文化的重要性随着语言学习者与外国文化越来越频繁的接触而逐步凸显出来,因为他们在跨文化交流中碰到的最大障碍往往与语言的熟练程度无关。这种障碍就是母语文化的缺失,其直接后果就是语用失误。文化语用失误比单纯的语言错误更容易在跨文化交际过程中造成不良影响。如果说话者出现发音不准、用词不当、语法错误等语言问题,受话者一般都能谅解,甚至会对说话人敢于交谈的勇气表示钦佩。但对于说话者的语用失误,受话者就很难原谅。

如果说话者口语流利,用词丰富,语法正确,但出现文化语用失误,他很可能被受话者认为是缺礼貌、不友好的人。由此可见,外语学习者在学习一门语言时不应忽视目的语文化。随着文化在语言习得中的重要性逐渐被肯定,语言教学研究者和语言教学工作者开始进一步探讨如何能够有效地在外语教学过程中渗透文化知识,于是就产生了"文化教学"这一概念。外语教学的目的主要是培养学生把语言作为交际工具来掌握的能力。寓语言教学于文化背景的目的之一是发现并排除干扰语言交际的因素。不同文化层上的语用失误贯穿于英语学习和使用的每个阶段。因此,不同阶段的语言教学应与不同层次的文化教学有机地结合起来,从而建立一个相应的文化认知系统,以使学生英语水平得到全面提高。

第二节 文化教学与文化培训概念的理解

文化教学与文化培训是培养学生跨文化交际能力的两种模式,它们既有共性又有差别。二者都是跨文化交际学形成的土壤和研究的主要内容。通过对跨文化交际学理论的学习和实践,我们充分意识到文化教学是一个伴随着语言教学的漫长而又复杂的教学过程,它要求教师具有高度的文化意识与敏感性,能灵活且创造性地将语言与文化的教学方法和内容结合起来。而文化培训则是一个短期的极具针对性的教学过程,其目标是培养出国人员或移民的跨文化交际能力,帮助他们在异国他乡,与来自不同文化的人们友好相处。

一、文化教学

文化教学可采取几种不同的形式:其一,在外语教学过程中开设文化课程;其二,将文化因素融入外语课程;其三,课外文化体验或实践活动。文化教学的对象主要是在校大学生,他们有机会参与各种形式的跨文化交流活动,如听外籍教师讲课,参加国际学术会议,短期或长期出国学习,参加国际夏令营,去跨国公司实习等。文化教学致力于提高语言学习者的跨文化意识和培养其跨文化交际能力。在外语课堂教学过程中,教师可采用专题讲座的形式传授那些直接或间接参与交际的目标语文化知识,也可把文化教学融于语言教学中,通过对两种文化的对比,使学生对文化差异有较高的敏感性,并能在两种文化间自如地进行角色转换,从而达到成功交际的目的。传统意义上的文化教学是指教师讲授目的语国家的历史、地理、政府机构、文学艺术等背景知识。

这些文化背景知识有助于跨文化交际的成功,但由于不直接参与交际,其又具有一定的局限性。自20世纪中叶以来,由于受到人类学和社会学的影响,外语教学研究者们开始认识到,了解目的语民族的风俗习惯、生活方式、思维方式、价值观念等文化因素对于学习该民族的语言十分重要。国内外学者纷纷著书立说,阐明文化与语言的关系,研究如何选择文化教学的内容,如何将文化教学与语言教学有机结合起来,等等。在文化教学研究方面,国外学者各抒己见,提出了不少有价值的见解。诺斯特兰指出,文化教学的总目标是跨文化理解和跨文化交际,文化教学除了认知因素以外,还应包括社会和情感因素。

斯赖尔认为,文化教学应该从七个方面启发学生:第一,受文化制约的行为意识;第二,语言和社会变量的相互作用;第三,一般情况下的常规行为;第四,词和词组的文化内涵;第五,对目标语文化通性的评估;第六,对目标语文化的探究;第七,对其他社会群体的态度。通过教学实践和社会检验,大学英语教师普遍认识到文化教学不仅仅是讲授英美国家的文化现象或介绍一些文化事实,而且还要培养学生的文化意识,采用有效的教学模式,寓文化于英语教学之中,方可达到培养学生跨文化交际能力之目标。如果学生只是死记硬背一些文化事实,往往会造成在跨文化交际过程中因循守旧、不擅变通的后果，因为文化不是一成不变的，只有让学生真正理解跨文化交际的原理，懂得跨文化交际的技巧，掌握英美文化和语言，才能达到得心应手进行交际的境界，这才是文化教学的真正内涵。

鉴于文化概念的复杂性和文化内容的宽泛性，文化教学不可能涵盖所有的文化因素，所以国内外学者一般认为语言教学中添加文化教学内容或者渗透文化知识应该遵循四项教学原则：①实用性原则；②阶段性原则；③适度性原则；④科学性原则。由于外语教学的最终目的是培养学生的跨文化交际能力，文化教学必须贯穿于语言教学的整个过程。文化因素的复杂程度与语言形式的难易程度并不一定成正比，即使是简单的语言形式也可能因为文化的问题而导致语用失误。例如，在打招呼、表示歉意、表示感谢等情境下使用的一些基本的日常用语，虽然在形式上非常简单，但在实际交际过程中学生对如何得体地运用这些简单语言却常常觉得没有把握。

所以在外语教学中教师要自始至终将语言与文化结合起来进行教学，即把语言形式置于社会语境中进行教学，让学生按照一定的语用原则操练或使用语言。这样的教学才能使语言知识富有生命力，使学生具备跨文化交际能力。那么文化到底包括什么内容呢？从宏观上看，文化包括三个方面的内容：①观念文化，包括宗教、历史、哲学、文学、艺术、科学技术、价值观念等；②制度文化，包括社会制度、政治制度、法律制度、经济制度、风俗习惯、生活方式等；③物质文化，包括服装、饮食、建筑物、交通工具等。由于文化内容纷繁复杂，在实际的课堂教学过程中，教师有必要对文化内容进行适当的调整、归类并与语言教学科学地结合起来。具体到英语课堂教学实践，英美文化教学的内容可以概括为5个方面。

1. 英语词语的文化内涵

任何一个民族的词语都承载着该民族文化的大量信息，是外族人理解该民族文化的重要线索。英语词语的文化内涵，包括英语词语的指代范畴、感情色彩和联想意义，以及成语、典故、谚语、俗语的比喻义和引申义。由于词语在英汉两种语言之间的文化差异是英语学习的主要障碍之一，教师在进行词汇教学时要注意对比英汉词语的文化意义。

2. 英美文化背景知识

背景知识是英语文化的重要组成部分。研究表明，在阅读过程中，理解文章的关键在于激活阅读者的知识图式，即让学生正确地使用已有背景知识去填补文中一些空白，使文中其他信息连成统一体。英语语言国家的民族习俗、社会行为模式、历史、地理等方面的知识是学生产生合理推测和联想的基础,有助其更好地理解文章的含义。

3. 英语句法、篇章结构特点和英美思维方式

英语句子较长,以动词为核心,其主干旁支结构分明,主从成分层次明晰,呈树形结构。英语句子语法结构严谨,逻辑关系明显,重分析轻意合。而汉语句子较短,无严格的语法约束,重意合。英语的动词曲折变化形式可表示时间概念,而汉语则要用时间状语表达时间概念。英语的篇章结构一般呈直线型,而汉语的篇章则呈螺旋型或曲线型。英语文章主题明确,脉络清晰,逻辑性强。而汉语文章的特点是含蓄委婉,"曲径通幽"。教师可通过对比分析,让学生掌握英语句法和篇章结构特点。英美人士在英语习得过程中,受英语文字符号特性的影响,形成了逻辑思维优先的习惯。而中国人在习得汉语的过程中,受汉字符号特性的影响,形成了突出的形象思维习惯。

4. 英语交际风格和行为方式

英美人士和中国人在交际习惯和行为方式上存在着巨大差异。例如美国人和中国人交际风格差异可概括为:直接与间接差异,线性与圆式差异,自信与谦卑差异,侃侃而谈与沉默寡言差异,详尽与简洁差异,人和任务为中心与关系和地位为中心差异。一般来说,美国人在交际时倾向于直截了当,开门见山,一步一步,直奔主题;美国人崇尚自信,相信只有通过言语进行详尽严密的交谈,才能达到交流和解决问题的目的;美国人喜欢就事论事,不太注重社会因素和人际关系对交谈主题的影响。美中两种文化的交际风格差异很大,双方只有事先对交际风格差异有所了解,且交际时有意识地调整自己,才能取得良好的交际效果。教师还应该引导学生了解英美人士在言语行为和非言语行为方面的表现。在言语行为方面的表现主要包括称谓、打招呼、告别、问候、祝愿、致谢、表扬、禁忌、委婉语等。在非言语行为方面的表现主要包括身体动作、面部表情、衣着、服饰、音调、音量、守时、体距等。

5. 英美价值观念

与跨文化交际关系较为密切的价值观念主要包括:人与自然的关系,是天人合一还是天人相分;人际关系,是群体取向还是个人主义取向;人对"变化"的态度,是求变还是求稳;动与静,是求动还是求静;做人与做事;人之天性观,是"性本善"取向还是"性本恶"取向;时间取向。在英美文化语境中,人们采取天人相分的态度。人们崇尚个人主义,包括个人奋斗,独立自主,保护隐私,追求自由与差异。在美国文化中,人们追求的是永无停顿的变化,变化几乎是发展、进步、创新、成长的

同义词。美国人的外向、进取和冒险精神源自他们"举动"和"做事"的价值取向。基督教原罪说导致了"人之初性本恶"的人性观。在对待时间的态度上，美国人轻视传统经验，从不留恋过去，很少崇拜祖先，但非常欣赏己辈，更期待未来。

目前，文化教学的模式纷繁复杂，陈申归纳出了3种文化教学模式，里萨格尔归纳出了4种文化教学模式。陈申在《语言文化教学策略研究》一书中共总结了3种文化教学模式：①地域文化学习兼并模式；②模拟交际实践融合模式；③多元文化互动综合模式。里萨格尔的4种文化教学模式是：①外国文化模式；②跨文化模式；③多文化模式；④超文化模式。详见第二章第一节。

二、文化培训

文化培训是一项高度专业化的教学形式，其目标是培养出国人员或移民的跨文化交际能力，具体地说，就是帮助人们在异国他乡，在陌生的环境中，有效地工作，愉快地生活，与来自不同文化的人们友好相处。文化培训在很大程度上取决于对培训对象、文化调适过程、跨文化交际环境和培训方法等问题的理解和研究。目前文化培训以移民和旅居者为对象，这些群体参加跨文化培训的动机各不相同，因此培训的目标和方法也因人而异。总体说来，有两种动机：一是彻底抛弃本族文化，完全认同移入文化，这往往是移民进行文化调适，接受跨文化培训的动机。二是希望在保持自己本族文化身份的同时，了解本族文化与目的文化差异，获得跨文化交际能力，成为双重文化身份的人。文化调适是一个漫长的过程，贯穿移民和旅居者的整个跨文化体验之中。一般来说，文化冲撞是文化调适的开始。跨文化培训旨在帮助学习者正确认识文化冲撞的必然性和积极意义，了解文化冲撞产生的原因之后，就可以从文化冲撞入手，利用文化冲撞对学习者所带来的情感和认知的冲击，来增强他们的跨文化意识，从而开始系统的培训。文化调适一般需要经历3个阶段：紧张痛苦阶段、逐渐适应阶段和稳步提高阶段。由于对跨文化培训的需求日益增加，跨文化培训方法也越来越多。通过归纳，主要有6种培训方法：①以文化现实为主的培训；②归因培训；③文化意识培训；④认知行为调整；⑤体验式学习；⑥互动式学习。这些跨文化培训方法对于我们在新的教学模式下进行文化教学具有参考价值，特别是"文化意识培训""体验式学习"和"互动式学习"值得我们效仿。

第三节　跨文化交际下大学英语教学模式的构建

　　我国大学英语教学大纲《大学英语课程教学要求》对大学英语课程的性质和目标进行了定义:"大学英语教学是高等教育的一个有机组成部分,大学英语课程是大学生的一门必修基础课程。大学英语是以英语语言知识与应用技能、学习策略和跨文化交际为主要内容,以外语教学理论为指导,并集多种教学模式和教学手段为一体的教学体系。大学英语的教学目标是培养学生的英语综合应用能力,特别是听说能力,使他们在今后工作和社会交往中能用英语有效地进行口头和书面的信息交流,同时增强其自主学习能力,提高文化素养,以适应我国社会发展和国际交流的要求。"《大学英语课程教学要求》还对课程设置做出了规定:各高等学校应当根据实际情况,按照课程要求确定本校的大学英语教学目标,设计各自的大学英语课程体系,将综合英语类、语言技能类、语言应用类、语言文化类和专业英语类等必修课程和选修课程有机结合,以确保不同层次的学生在英语应用能力方面得到充分的训练和提高。……大学英语课程不仅是一门语言基础知识课程,也是拓宽知识、了解世界文化的素质教育课程。

　　因此,设计大学英语课程时也应充分考虑对学生文化素质的培养和国际文化知识的传授。随着笔者对《大学英语课程教学要求》的深入理解,对跨文化交际理论的深入研究,以及对教育学和外语教学理论的深入探索,笔者以跨文化交际能力培养为视点,整体构建了跨文化交际下的大学英语教学模式。按照这一模式设计的课程体系分为两个部分:语言基础系列课程、跨文化应用系列课程。

1. 制定教学目标所遵循的原则

(1)既有总体目标又有个性化目标;

(2)根据《大学英语课程教学要求》确定总体教学目标;

(3)通过需求分析确定本校个性化教学目标,满足学生需求;

(4)所有目标必须符合时代特点;

(5)培养掌握双语言双文化的人才是确定总体目标和个性化目标的基础。

2. 确定语言教学内容所遵循的原则

(1)以《大学英语课程教学要求》和需求分析为依据确定教学内容;

(2)语言内容应与文化内容相辅相成;

(3)尽量选择有文化内涵的语言项目;

(4)内容典型,重点突出,不应增加学生的学习负担;

(5)语言教学内容难度参考克拉辛"i+1"原则。

3. 确定文化教学内容所遵循的原则

(1)文化内容应与语言内容相辅相成;

(2)交际文化内容优先于知识文化内容;

(3)选定典型文化差异内容,杜绝文化负迁移;

(4)选定两种文化相通的内容,充分利用文化正迁移;

(5)要构建成一个开放式文化内容体系,鼓励学生接触不同的文化观点和价值观念;

(6)文化内容要有正确导向,帮助学生克服民族中心主义;

(7)文化教学既要包括语言技能和交际策略训练,又要包括学生人文素质的培养。

4. 使用教材所遵循的原则

(1)引进理念先进、语料真实的国外教材;

(2)采用优秀的国内教材;

(3)自行编写符合本校教学要求的教材。

5. 课堂语言教学所遵循的原则

(1)听、说、读、写、译齐头并进,全面发展;

(2)在认知语言规则的基础上进行操练,创造有意义的学习情景;

(3)课堂教学以学生为中心,以教师为指导;

(4)创造活跃、轻松的课堂气氛,鼓励课堂互动;

(5)让学生了解每一个课堂活动的目的,反思参与课堂活动所获得的经验和感受;

(6)考虑学生的个体差异,采取灵活的对策引导学生积极参与活动;

(7)充分利用网络多媒体等高科技手段,使英语教学情景化和交际化;

(8)综合运用言语交际活动的要素:情景、功能、意念、社会、性别、心理作用、语体、重音和语调、语法和词汇、语言辅助手段;

(9)使用真实语篇,培养学生交际能力;

(10)强调运用目标语训练交际;

(11)提供机会使学习者不仅重视语言而且重视学习过程自身;

(12) 将课堂学习与课外语言活动紧密结合起来;
(13) 适时地对学生的语言错误进行分析和疏导。

6. 课堂文化教学所遵循的原则
(1) 在课堂设计中融入"合作式学习""研讨式学习"的教学理念;
(2) 设计丰富多彩的第二课堂文化实践与体验活动,增加体验式学习的机会;
(3) 根据文化教学特点、学生学习风格、教学条件等因素灵活运用教学方法。

第四节 外语及文化教学的方法和策略

一、外语教学的方法和策略

外语教学方法是指外语教学中根据系统的原则和程序来教授语言的方法,即运用关于语言是如何进行最好的教和学的观点来教授语言的方法。我们主要对听说法、认知法和交际法的教学理念、教学原则、教学技巧和教学程序进行研究,然后整理出一套教学策略应用于我校的大学英语教学。

外语教学策略涉及"如何教外语"之类的问题,它是为实现教学目标,按照一定的教学原则和思路,针对特定的教学内容而采取的一系列教学措施、方式或方法。教学策略具有综合性、可操作性、灵活性等特征。我们对于教学策略的重要性有着充分的认识。我们不仅整理出了一套教学策略,还设计了一些课堂活动供我校大学英语教师采用。我们采用的教学策略可分为普遍性策略和具体性策略。

(一) 普遍性教学策略

普遍性教学策略是指适用于各种课型的教学策略。任何课型,无论是听说课,还是读写课,甚至是练习课,都离不开教师的主导。在教学的各个环节上,教师需要采用一套相应的教学策略。这套教学策略包括课堂组织策略、激励策略、提问策略、评估策略。

1. 课堂组织策略

课堂组织是课堂教学的生命。课堂组织策略包括教师角色的选择、课堂活动的控制、活动的组织方式等。我校大学英语教师主要应该扮演6种角色:课堂的组织者、课堂活动的控制者、学生学习效果的检测者、学生的启发者、课堂活动的参与者和学习资源的提供者。

2. 激励策略

学习兴趣是一种内部动力,是成功的前提或先决条件。学生如果缺乏学习兴趣,那么学习和教学都将是痛苦的过程。因此,我校大学英语教师的一个重要任务是采用一套有效的激励策略激发学生的学习兴趣。这套激励策略包括组织有趣的外语活动,使用生动幽默的课堂语言,鼓励和奖励学生参与外语活动,将外语考试成绩与奖学金、学位等挂钩。

3. 提问策略

提问是课堂上常见的课堂互动形式。教师通过提问了解学生的学习情况。我们要求教师严格把握提问策略,按学生的认知水平和英语语言能力设计难易程度相当的问题。教师可提如下几类问题:开放性问题与封闭性问题,浅层问题与深层问题,聚合性问题与发散性问题,信息性问题、理解性问题与评价性问题,陈述性问题与推理性问题等。

4. 评估策略

课堂评估对教学的反拨作用很大,师生都能够从中受益。一方面,评估可以检测学生对教学内容的掌握情况和学习中仍未解决的问题,为学生调整自己的学习策略和学习方案提供反馈;另一方面,教师可以采用恰当的评估策略发现课程设置问题、教学内容问题、教学方法问题,为教师调整教学内容、方法和手段提供依据。评估是课堂教学的重要组成部分。由于评估是一个连续不断的过程,课堂评估应该采用形成性评估的策略,以学生问卷、学习监控表、一句话概要、应用卡等为主要手段。

(二)具体性教学策略

具体性教学策略指培养听、说、读、写能力和文化意识的教学行为。在语言教学方面,我们要求教师恰当地采用以下6种具体性教学策略:词汇教学策略、语法教学策略、阅读教学策略、听说教学策略、写作教学策略、文化教学策略。帮助学生认知词汇的教学策略有单词网、信息沟、词汇发现、词汇问题以及多媒体展示等,帮助学生应用词汇的教学策略有词汇旅行、单词冲刺、单词故事、连锁故事、交叉联想等,帮助学生测评词汇的策略有文本校对、填图、纵横字谜、自评对子和学生测验等。常用的语法教学策略有迷你情景、图片案例、旅游、虚拟情景、猜测模仿、原因探究、爱好选择以及图片故事。常用的阅读教学策略有合作阅读、先行组织、互惠阅读、学习日志、同伴指导、同伴阅读、自选阅读、质疑作者以及图片故事。常见的听力教学策略有标题探索、概述选择、排序、复式听写、听与画、远距离听写等。常见的会话教学策略有图画排序、找伙伴、流程卡、角色卡小品、图画信息沟、补全对话、链锁复述、分组讨论、围圈发言、采访、"陪审团"以及纸条指令等。常见的写作教学策略有句子重组、平行写作、故事重组、框架写作、图片序列、轮式写作、拆分信件以及创作隐含对话等。

教学活动：教师除采用传统说教式课文讲解以外，还可组织一系列的课堂活动。

(1) 口头报告：教师提前将口头报告的题目布置给学生，学生经过课前准备后，在课堂上报告。

(2) 小组讨论：以3~5人为单位，就课文中涉及的话题展开讨论。

(3) 对子活动：两人为单位的对话练习，巩固课堂上出现的句子结构知识。

(4) 角色扮演：依照课本上的对话，让学生做模仿练习。

(5) 由教师给出活动场景，让学生自己设计对话内容，自行分配角色，经过在小组内的预演后，在班级表演。

(6) 即兴演讲：根据教师临时提供的文化场景让学生做即兴的、简单的交际。

(7) 信息缺口：给学生分别提供一部分信息，让学生进行合作获得全部信息。

(8) 采访：让学生采访班级学生对某一问题或者某一文化现象的理解。

(9) 小组辩论：将学生分为两组，分别持有相反的观点，就教材中出现的某一热点话题展开辩论。

(10) 词义挖掘：在学生掌握了英语词语概念意义之后，组织课堂讨论会，然后学生根据语境、词源、搭配和英汉比较，挖掘词汇的文化内涵。

(11) 习语对比：让学生将课文中出现的习语挑选出来，对比目的语与母语在习语表达方式上的异同，然后请部分学生汇报结果。

(12) 案例分析：组织学生就课文中的某一典型语言现象或文化现象进行讨论分析，然后由老师点评，以帮助学生理解和把握相关概念和文化现象。

(13) 共享信息：布置一些语言或文化题目，让学生去图书馆或上网查阅相关信息，然后将获取的信息与全班同学共享，以培养学生合作学习的习惯。

二、文化教学的方法和策略

外语教育中的文化教学采用3种教学法：显性文化教学法、隐性文化教学法和综合文化教学法。

（一）显性文化教学法

显性文化教学法是指相对独立于外语教学的、较为直接系统的、以知识为重心的文化教学法。显性文化教学法的省时、高效是显而易见的。而且，这些相对独立于语言教学的自成体系的文化知识材料可以很方便地供学生随时自学。但显性文化教学法有两个致命缺陷：使学生对异文化形成简单的理解和定型观念，影响跨文化交际的有效进行；让学习者始终扮演着被动接受的角色，导致他们缺乏文化探究的能力和学习策略。

（二）隐性文化教学法

隐性文化教学法是指将外语教学与文化教学自然地融合在一起的教学方法。其优点在于课堂的各种交际活动为学习者提供了一个认识和感知异文化的机会。其缺点是学习者在语言学习的过程中自然习得的外国文化缺乏系统性。

（三）综合文化教学法

综合文化教学法是指将培养跨文化交际能力作为最终教学目标，综合了显性文化教学和隐性文化教学各自的优势，且兼顾了文化知识的传授与跨文化意识和行为能力的培养的教学方法。大学英语教学中有效地实施文化教学离不开系统的文化教学策略的支持。我们在涉猎了国内外语言文化教学研究和跨文化交际研究的书籍以后，引进了综合文化教学法，借鉴了陈申、胡文仲和高一虹、陈俊森、严明等学者的研究成果，整合了一套适合我校实际情况的基本文化教学策略，并设计了一系列的课堂活动。我校采用的文化教学策略有：

（1）文化讲座；
（2）文化参观；
（3）文化讨论；
（4）文化欣赏；
（5）文化会话；
（6）文化合作；
（7）文化表演；
（8）文化交流；
（9）文化谜语；
（10）文化冲突；

(11)文化研究;

(12)文化渗透;

(13)文化体验;

(14)文化旁白;

(15)文化片段;

(16)文化包;

(17)文化丛;

(18)文化多棱镜;

(19)关键事件分析;

(20)角色扮演;

(21)案例分析法;

(22)文学作品分析。

我们为大学英语教学过程中的文化教学设计的课堂活动有以下17种。

(1)文化实物:让每位学生展示一件代表家乡文化的物品,如典型的民族服饰、手工艺品、家乡著名建筑物模型或照片、家乡人民生活情景图片等。学生通过展示代表自己家乡文化的物品,介绍家乡文化的特色。这一活动可以开阔学生视野,增加地域文化知识,体会地域文化差异。

(2)短文仿写练习:改写一篇英国文化背景的短文,要求主题保持一致,以本民族文化为叙事和观察视角。例如,仿照例文《美国学生的春假》写一篇题目为《中国学生的假期》的短文。通过比较原文和改写文在文化和内容上的不同,了解中美文化差异。

(3)地域文化介绍:教师把学生分为四组,分别代表美国、英国、加拿大和澳大利亚,把有关四国文化的资料分发给各组学习,假设上述四国是学生的家乡,要求学生简要介绍家乡的文化特色。通过角色扮演,使学生了解四国文化的相同点和不同点,使学生意识到这四个以英语为母语的国家在很多方面存在差别。

(4)通过习语和谚语了解文化:系统讲解英语习语和谚语,解析隐含的价值观念。

(5)发现文化身份:让学生反思自身的文化观念,确定自己的文化身份,进而深入了解自己所在文化群体的特点和文化价值取向。

(6)凭记忆画图:教师展示一幅图画,要求学生观察2分钟后凭记忆画出图中内容;通过观察、讨论不同的学生所画图画的内容,教师引导学生得出结论——受个人文化背景的影响,人们感知世界的方式是不同的。

(7)感受个体空间距离:创造不同的语境,让学生以不同的交际身份与交际对象保持某种空间距离,了解不同文化对交际者空间距离的要求,体会文化、语境、交际者的身份角色及交际对象的关系对空间距离的不同期望。

(8)文化定式:教师让学生观看不同国籍的人们的照片,要求学生用形容词说出对照片中人物的印象。通过描述对不同群体或个人的印象,了解文化定势现象,学习文化定势产生的原因及其优点和缺点。

(9)回忆最初的时刻:让学生讲述其接触陌生环境最初时刻的感觉和想法,讨论不同态度和行为对人们适应和融入陌生环境与文化的影响,使学生明白交际者与陌生环境或陌生人的最初接触会直接影响到交际双方未来关系的发展方向。此外,积极而适当的态度与行为有助于我们更好地适应和融入陌生的环境与文化。

(10)外国工艺品展:带领学生参观某一文化的工艺品展览,引导他们发现展品中蕴涵的文化意义,锻炼学生观察事物的能力,培养学生的文化意识和文化敏感性。

(11)文化场景短剧:组织学生表演一幕情景短剧,其他学生一边欣赏短剧表演,一边从文化角度理解和分析短剧中的情景。短剧表演完毕,学生讨论几个问题,如:短剧中发生了什么事情?剧中体现了哪些文化现象和冲突?该活动可锻炼学生的观察技能,提高学生分析文化现象的能力。

(12)感知移情:学生阅读一篇由文化认知差异引发交际问题的短文,教师引导学生就其中的问题进行讨论,培养学生移情能力,增强其跨文化交际意识,帮助学生寻找更多的提高跨文化交际能力的途径和方法。

(13)非言语交际:学生分组表演某些生活场景,展示肢体语言(面目表情、眼神交流)、空间距离、表达情感的声调和语气(讽刺、兴奋)等。通过该课堂活动,帮助学生了解非言语交际所包含的内容及其重要性,帮助学生掌握一些非言语交际过程中应采取的恰当的行为和态度,进而加强其交际意识。

(14)采访外国人:教师布置学生就某些特定问题采访一些外国人,然后在课堂作采访汇报,要求学生比较不同的受访者作出的回答,以及他们对采访和采访问题所表现出的态度和反应。该活动旨在帮助学生了解不同文化对待某些事物看法和态度的异同。

(15)影片欣赏:教师让学生欣赏几段有关美国(或其他国家)教育、教学方面的影片,使他们了解美国教育体系的特点,并指导学生比较中美两国教育体制的差异。

(16)辨别强语境文化和弱语境文化:教师首先向学生简要介绍强语境文化和

弱语境文化的定义。然后让学生辨别不同的文化现象,使其了解强语境文化和弱语境文化,找出这两种文化模式之间的差异,进而引导学生学会接受并尊重不同文化,从而培养学生的跨文化交际意识。

(17)文化适应:教师要求学生安静地回忆其接触陌生环境和文化的经历,结合异地求学或旅游等经历来进行思考,简要地写出经历中的主要事件和情景,并回忆其当时的心情、感受和想法。该活动可帮助学生了解文化适应的过程,提高学生的跨文化交际意识和适应新环境、新文化的能力。

第四章 大学英语跨文化教学中的问题及成因

第一节 跨文化交流背景下我国大学英语教学的现状

教育部前副部长吴启迪曾经指出,当今世界科技迅猛发展,国家与国家之间展开的竞争日益激烈。在世界经济发展的浪潮中,中国经济迅速发展,国家综合实力日益增强,中国与世界各国的联系愈加密切。在世界经济一体化和文化日趋多元化的大背景下,已经成为世界通用"普通话"的英语,其在提升国家国际竞争力,在国际政治、经济商贸、信息交流等各个领域的重要作用越发凸显出来。掌握这门语言,能大大提高我们国家的国际竞争力。因此加强大学英语教学改革,提高人才培养质量是培养具有国际竞争力的高质量人才的关键。可见,在国家高层和教育行政主管部门,外语教育已被提升到民族振兴、提升国家的国际竞争力的高度来认识。然而,由于种种原因,在我国外语规划和外语教育实施过程中,在外语教学改革进程中还存在许多突出的问题。对这些问题,不做细致的研究与分析,没有相应的对策,就会严重影响和阻碍中国经济的发展,影响我国综合国力、国际竞争力的提升。

一、跨文化交流给我国大学英语教学带来的挑战

(一)人才培养观念需要转变

随着全球一体化经济的不断发展,国与国之间的交流与合作日益频繁,这就使得我国需要大量拥有良好知识结构、出色的外语语言能力、熟知外国文化传统和交往礼仪,能够处理国际事务,进行国际交往的"国际化"人才。具体来说应具备如下几个方面的能力:

第一,要正确理解和对待不同文化间的差异的存在。要通过发现其他文化中存在的不足来改进我们自身文化方面的缺陷,以便我们愈加客观公正地对待不同文化,同时,也利于我们在差异文化中查找存在的类似的地方。

第二,要具备良好的文化适应能力。人们在跨文化交际过程中会不可避免地发生文化冲突,冲突的程度会对人们的进一步交流产生或轻或重的影响。人们只有提高自身的文化适应能力,才能保证跨文化交际的顺利进行。

第三,跨文化交际能力是实现文化的双向交流与互动的基础。丰富的词汇和地道流利的语言表达并不能保证跨文化交际的顺利进行,对外国人的历史、地理、习俗、生活方式和价值观念等的了解和理解在跨文化交际中起着至关重要的作用。随着我国在政治、经济、文化等多个方面改革开放程度的加深,中国人跨文化交往日益频繁,人们普遍意识到只有熟练地掌握、运用外语,提高跨文化交际能力,才能有效地进行国际间的交流与合作。因此,在跨文化背景下,英语教学责无旁贷。大学英语教学必须转变教学观念,把教学重点由原来的只注重语言教学转变为在原有语言教学的基础上,加强文化教学,加强培养学生的跨文化交际能力,努力造就国际化人才。

(二)外语教学理论需要更新

跨文化交际不仅仅涉及语言问题,不同文化间的差异的存在更是难以逾越的障碍。在交际过程中,人们往往既要遵守语言规则又要遵守一定的文化规则。因而,在跨文化交际中,言语表达方面的文化规则和习俗等语言方面和文化背景方面的知识尤为重要。我国的外语教学,恰恰文化层面非常薄弱,因此外语教学所面临的挑战十分严峻。

文化冲突经常发生在跨文化语境中。曾有学者指出,相对语言错误来说,文化错误则更加严重。因为语言错误只是表明没有把心里想说的话表达清楚,而文化错误则极有可能使来自不同民族的人之间产生误会甚至敌意。要想成功有效地消除交际障碍和交际摩擦,顺利进行跨文化交际,就必须具备一定的跨文化交际能力。因此,外语教学必须重新定位教学目标,加强对跨文化理解的重要性的认识,要把培养学生的跨文化交际能力放在突出显要的位置才行。

可见,传统的语言教学理论已经完全不能适应新形势下跨文化交际对外语教学的新要求。外语教学界只有以更加敏锐的眼光审时度势、通盘考虑新的世界局势对人才的需求,对外语教学理念、内容和方法等进行全面改革,才能使外语教学自如应对新的挑战。

二、我国大学英语跨文化教学的现状

在理论上,我国外语教学界已经普遍认识到外语教学中文化教学的重要性,而在实际教学中,教学的现状仍不容乐观。跟踪调查大学生毕业后的英语运用方面的工作表现,能够胜任外事交流需要的学生极少。绝大多数人要么是会看不会说的"哑巴英语",要么就是交际中随处碰壁的"流利傻瓜"。原因在于他们对异国语言文化缺乏了解和理解,不懂得目的语言的使用规则,交际中常常发生误会,造成严重后果。这是因为在外国人看来说一口流利英语的人自然应该懂得语用规则,不然,怎么能把英语说得这么好?学生从小学、初中、高中、大学一路学着英语走过了十几年,到头来却不能用英语有效地进行跨文化交际,这些事实足以表明我国的大学英语跨文化教学现状不容乐观。大学英语是高等院校的必修课,各个院校都在大学英语教学上投入了大量时间、人力、物力。然而,即使是四、六级成绩优异的学生也不见得能流利、得体地使用英语进行交际,这实在是件令人尴尬的事情。其原因在于大部分课堂上英语教师仍在沿用传统的教学方法,教师讲,学生听,缺少学生参与互动。学生对于英语国家的文化知识知之甚少。教师和学生都在纯粹为语言而语言。语言学习与文化学习被剥离开来。师生互动不足,素质教育大多停留在理论上。在英语已经成为世界通用语,国际竞争日趋激烈的 21 世纪,文化成为交流必不可少的因素。但是,大学英语教学实际上较少涉及文化教学。据本研究调查统计,关于教育部高等教育司颁布的《大学英语课程教学要求》中提出了跨文化交际方面的内容要求,受试教师中只有 13.9% "非常了解",另外 13.9% "根本不了解",72.2% "略有了解"。教师对该要求的了解程度表明他们对跨文化教学缺乏应有的了解与认识。

结合其他统计资料,可以看出,我国大学英语教学的现状是:第一,教师只是注重课本知识,忽视了对学生进行西方文化的学习的引导和指导;第二,大学英语教学模式与教学方法过于陈旧,教学内容不能与时俱进;第三,大学英语教师的专业知识和文化素养有待提高。总之,大学英语教学不应该只是简单的语言学习,跨文化学习也不仅仅是在英语语言的学习中融入文化的影响,而是要在深厚的中华文化的基础之上,采用对比分析等方法宽容、敏感地深刻理解目的语文化。

第二节　大学英语跨文化教学中的问题

回顾我国过去几十年外语教学的理论和实践,不难看出,它基本上是围绕着语言知识教学——词语分析、语法讲解、句型操练这样一条主线进行的,而对语言外或超语言的文化因素却没有给予足够的重视。这在一定程度上是由于人们受到"语言工具论"思想认识的影响,习惯把语言仅作为一种符号来进行传授。在这种轻文化重语言的外语教学思想的背景下,大学英语教学一直把培养学生的"纯语言能力"作为主要的教学目标。课堂上大多数教学只是关注语言本身,忽略了与语言使用密切相关的文化因素。

伴随全球化和多元文化的发展,跨文化教学理念已被越来越多的英语教师所接受,教师已经普遍认识到跨文化交际知识和跨文化教学的重要性,并普遍认为语言技能训练与文化知识学习同等重要,认识到英语教学不仅仅要培养学生的语言能力,更重要的是要培养学生的跨文化交际能力,语言技能和文化技能的完美结合才能使跨文化交际中的语用障碍和语用失误最大限度地得以避免。但认识归认识,大学英语跨文化教学的有效实施并没有真正得到落实。教师和学生认识上的差距,教学目标、教学内容的制约等因素,使得跨文化外语教学效果不尽如人意。下面我们就具体分析跨文化教学中存在的现实问题。

一、跨文化教学缺乏理论支持

中国的外语教学领域缺乏宏观的规划与指导,还未形成具有中国特色的外语教学理论体系。以引进为主的外语教学理论中有些研究并没与中国的外语教学实际紧密结合,无法真正指导中国的外语教学实践。在管理层面上,有关领导、教育行政管理部门、从业人员还存在轻视外语教学理论的指导作用的现象。专家的意见和建议很少得到充分的重视和肯定。有些课程标准的设计、教材的编写、评估标准的设定往往缺乏科学的理论指导。

几十年来,教育部制定和颁发了各级各类为数众多的英语教学文件和大纲,当中却没有一个大纲认定文化教学与语言教学同等重要,更没有对文化教学标准、内容、方法和测试与评价进行过系统论述。在没有大纲的约束和指导下,教师只是凭着个人兴趣在时间允许的范围内零星给学生介绍一些文化知识而已,与真正的跨文化教学相去甚远。

二、教师自身问题亟待解决

教师是学生获取文化信息的最重要的源泉,教师的知识结构、教师对文化和文化教学的态度都关系到文化教学的成功与否。教师对外语文化教学的不同理解,都与其具体的文化教学行为(如教学内容、教学方法的选择)有直接的关系。在具体的教学实践中,教师应有意把文化信息的渗透与语言技能的教学紧密地结合在一起,在帮助学生学习和掌握语言技能的同时,还应积极地引导学生自觉了解和适应目的语文化,培养学生对目的语文化的敏感性和洞察力。

外语师资质量无疑是外语教学质量的保障。在目前我国英语教学的社会环境条件下,学生通过英语教师获得英语能力是其英语学习的主要的途径,有时甚至是唯一的途径。所以,外语教学不同于其他学科的教学,外语师资的质量在很大程度上决定了外语教学的质量。由于我国英语学习者人数众多,优秀英语教师一直处于短缺状态,教师整体质量不容乐观。就大学英语教师而言,教师学历结构严重偏低,无论是专业水平,包括语言知识、语言应用技能、跨文化交际理论和教学法知识等,还是教学理念和教育观念,都不能适应现代外语教学的要求。因此,提高英语教师整体素质刻不容缓。

(一)教师跨文化综合素养亟待提升

教师自身文化素质储备薄弱,教师自己对于跨文化交际知识不太了解,自身文化知识掌握不够。教师访谈中,有一位从事大学英语教学18年的老教师深有感触地说:"最近看了几部美剧,非常感慨,我教了这么多年的英语,才发现自己对英语文化了解得实在太少了!"

教师对文化教学准备不足,教师自身文化知识的掌握情况的平均水平偏低,自身文化素质欠缺,无法保证文化教学的有效实施。其原因在于教师缺乏跨文化实践的环境和文化培训。大部分英语教师在多年大学英语教学工作中很难获得出国培训的机会,即使争取到机会,在外停留的时间也过于短暂,无法达到文化培训和文化体验的目的。文化培训缺乏是教师文化储备不足的主要原因。

教师自身运用英语进行跨文化交际的机会不多,其文化敏感性不强,跨文化交际能力较弱。出国进修对于大多数中国英语教师而言只是一个不可能实现的梦想,虽然近年来有机会出国进修的英语老师人数有所上升,但是总体说来,我国英语教师的语言文化知识基本上来源于在本国的学习。正因为如此,很多英语教师对英语国家的文化和世界其他国家的文化的了解非常肤浅,大都是一些零碎的二手信息,不仅不成系统,而且有可能是一些错误的认识或偏见。另外,教师在日常的生活环境或学习环境中不注重文化知识的积累,这主要是由中文为主的语言圈和应试教育的人才培养机制导致的。

(二)教师对跨文化教学的认识与教学实践不相符合

1.教师对跨文化教学的认识不够全面,理解不够深刻

教师已经认识到文化知识的学习及文化教学在英语学习中的重要性,认识到文化知识对学生跨文化交际能力的提高起着重要的帮助作用,这一点已不容怀疑。总体来说,教师们已经达成共识,认为跨文化交际能力的培养在外语教学中占有重要地位,愿意采用各种手段和材料进行跨文化教学。但在教学实践中,他们实际已把这些认识和理解均抛到了脑后,始终在以传统的教学模式进行语言教学。

教师对跨文化交际知识和跨文化教学的认识程度较深,即教师已经认识到跨文化交际知识和跨文化教学的重要性,并普遍认为语言技能训练与文化知识学习同等重要,但认识与教学实施、实践存在严重脱节的现象。可见,教师大都理解和支持在外语教学中进行文化教学和跨文化交际能力培养,但是他们对跨文化外语教学思想理解不够透彻,担心会因此增加学生和自己的负担,同时也不知道如何开展跨文化外语教学。

2.教师对文化教学模式的选择太单一

教师传授跨文化知识的方法选择上差异较大,反映出教师对跨文化教学的选择模式不理想,教学模式太单调单一,文化教学方式、方法太陈旧,教师本身文化知识欠缺或者不能活学活用。

教师在实际教学中不知道如何将文化教学与语言教学相结合,文化教学处在一种任意发挥、毫无秩序的状态。在访谈中教师普遍反映,每一单元的授课内容需要两周(每周四学时)的时间才能完成,教师感到在规定课时内完成语言教学任务已经很难,如果再增加文化内容就更难上加难,因而忽视了对跨文化交际能力的训练。教师在实际教学中对文化知识的教学实施并没有与对文化教学重要性的认识同步,文化教学时间不足,进一步证明认识与实际存在脱节现象。教师们还是按照惯例把重点放在语言教学上,跨文化教学完全流于形式。

教师对文化教学的意义和目的的理解不够全面深入,直接导致教师文化教学方法方面存在着严重的不均衡状态,方式方法缺乏灵活多样性,单一现象比较严重,不利于调动学生的学习兴趣和积极性。教学时间安排的不合理性使文化教学

完全成为语言教学可有可无的附属品。

跨文化教学未受重视,文化教学内容未纳入考核或相关活动中,因而学生对跨文化教学的认识欠缺、文化意识薄弱,学生忽视文化教学,缺乏兴趣。

由于缺乏系统的文化培训和学习研究,外语教师往往不能够正确地定义文化,关于文化的内涵,他们或者认为文化包容一切,或者列举一些易于观察、易于捕捉的文化现象,至于深层次的文化信息如思维模式、价值观念等,常常被教师们忽略。这种片面、肤浅的文化理解大大妨碍了文化教学的深入开展。

根据前面调查数据及访谈分析可知,教师对学生的培养内容、课程设计缺乏计划性、系统性。教师基本上是根据个人兴趣与时间各自查找、补充相关文化信息。教师对相关跨文化知识的教学材料的分类和理解各有不同,对教学内容缺乏统一认识,缺乏统一的或集中的讨论和总结。多数的文化教学是以背景知识介绍的形式进行的,文化被当作是静止不动的知识和信息传授给学生,文化教学处于可有可无的状态,教师完全随心所欲地对待文化内容。这就使得文化教学依附于语言教学。有些教师进行文化教学完全是为了引起学生注意,而不是为了文化教学本身,因而他们的文化教学也不是课前周密安排、精心策划的教学内容,而只能是语言教学的调味剂,常与语言教学脱节。

虽然教育部明确要求大学英语教学要注重培养学生的综合文化素养,但文化教学方面并没有可与语言技能教学相比的具有可操作性的完整体系作为指导,而是仍处于盲从状态,严重影响了跨文化外语教学的实施。

很多大学英语教师没有充分认识到跨文化教学的重要性,还是把教学的重点停留在词汇、语法和句型等语言知识层面。由于教师本身的跨文化交际知识储备不足,也由于大学英语教师的跨文化教学意识太过于淡薄,外语教学中的跨文化教学在我国的实际状况无法令人满意。

研究显示,外语教学很难改变学习者对于目的语文化的了解和认识的固有模式。大学生们的社会文化能力与交际能力远远落后于他们的语言能力。现有的教师、使用的教材和采用的教学方法都根本满足不了跨文化学习的需求。教学中所进行的缺乏代表性的对目的语国家的文化导入,也根本无法矫正学习者原有的对这些国家的认识和成见。内容偏狭的文化导入与文化背景知识介绍难以提高学生的文化敏感度及帮助学生客观公正地认识和了解目的语国家的各种文化现象。

综上所述,虽然大部分教师对文化知识的学习、文化教学的重要性、学生跨文化交际能力的培养有所认识,但教师教学理念陈旧,自身文化储备不足,对文化内涵、语言与文化的关系、语言教学与文化教学关系的理解还不够深入,教师文化培训欠缺,文化教学尚处可有可无、内容不够明确的盲目状态,教学方式方法又落后、单一,大学英语文化教学现状堪忧!

三、跨文化内容在英语教材中呈现薄弱

跨文化意识和跨文化交际能力的培养不仅需要学习者在本族文化和目的语文化之间建立起一种相互比较、相互对照的关系,而且还要求学习者对这两种文化之外的其他文化有所了解和体会。在以英语作为国际通用语进行教学的情况下,让学习者接触和了解其他文化更加必要。遗憾的是,现有英语教材中很少有涉及英国和美国之外的其他国家的文化内容,更不用说将文化普遍规律、培养跨文化意识和能力的内容列入教材。没有充足、令人较为满意的文化教学材料是我国大学英语跨文化教学的突出问题之一。教材成为教师教学和学生学习的主要依据和向导,更是中国学生的依靠,解决现有教材存在的问题是实现跨文化外语教学目标的关键。

在中国现行教育体制下,教学以教材为主,教材中文化内容的比重必然会影响教师的文化教学。教师们对教材中文化含量的认识众口不一,评价标准各有不同。但总体来看,教师还是认为教材中文化内容较少。目前外语教材呈现下述特点:

(1)我国目前使用的英语教材中的文化教学内容的组织编排缺乏系统性,辅助文化教学的材料如系列文化导入教材、相关的有声资料、参考资料在中国市场上也不多见。在词典等参考资料中,文化释义呈现不足。

教材中有关中国传统文化的内容极为少见,严重影响了学生文化平等意识的建立和文化鉴别能力的提高,也势必影响中国传统文化的世界传播。

教材中说明性和科技性较强的文章所占比重较大,涉及英语文化,尤其是关于英语国家精神层面的文化材料,如价值观、思维模式、民族心理、伦理道德等较少。学生对异族文化的行为准则缺乏了解,必然会影响跨文化交际能力的培养。

(2)文化内容与语言内容有机结合的教材较少。大学英语所使用的教材大都突出语言能力的培养,相关文化背景知识通常让学生课前或课后自己阅读。以文化为基础的语言教材在中国极为少见,即使有,也因为教材所设计的教学活动以语言学习为主,而使文化教学的价值大打折扣。

虽然为了达到外语交际的目的,各种各类的外语教材都在努力以功能或情景为主线将异族文化信息加以呈现。但"这种旅游式的文化内容"呈现在广度上和深度上都必定有限。旅游者通常只触及文化冰山的一角,没有文化冲撞的体验,就无法培养学生对其他文化的积极的态度和文化相对论的思想,这样是满足不了跨

文化外语教学的需要的。学习者只有了解目的语文化的各个方面、各个层次,并不断反思本族文化,才能实现提高跨文化交际能力这一教学目标。肤浅、狭隘的文化介绍反而可能会加深学习者对目的文化的成见,加重他们的民族中心主义思想。

四、中国传统文化内容缺失

刘长江指出,我国外语文化教学要特别注意两个方面:①加强目的语文化和母语文化的学习;②注重学习以目的语表达目的语文化和母语文化。因为在21世纪国际局势迅猛发展,文化的交流是双向的,外语学习的目的是为了实现"双语文化的交叉交际"。如果对文化缺乏了解,或因为不会使用外语进行文化表述,这种交际就会出现失误甚至中断。

近几年目的语文化教学在众多高校的跨文化教学中占据主导地位,目的语文化、目的语传统习俗和交际技巧不同程度地得到传播和学习,但教学却忽略了自身的母语文化和母语文化正迁移的作用和意义。这种跨文化教学模式使跨文化交流的双方失去了平衡。

在跨文化交际过程中,人们要相互交流、彼此理解、互相影响。交流也意味着吸收和传播,只吸收、不传播就不是真正意义上的跨文化交际。

中国文化知识的不足制约着学生跨文化背景下交流的顺利进行。目前,在外语教学中普遍存在着一些问题。如当前的大学生在跨文化交流时,他们虽了解一些英美文化,但在对本国文化进行系统深入表达和介绍时却显得力不从心,无论是口语表达还是书面表达都无法在更广泛、更深刻的层次上做进一步交流,"中国文化失语症"现象十分严重。

目前中国那些所谓的优秀英语学习者中,不深入了解本国传统文化、不能用英语表达自己国家文化的人数比例相当大,这就是"中国文化失语症"。在我国的外语教学中,母语同外语教学一直是各行其是,互不干涉。外语教学界没有认识到母语文化在跨文化教学中的地位和作用,母语文化教育严重缺失。

"中国文化失语症"会给跨文化交流带来巨大的负面影响,最直接的危害就是阻碍跨文化交际的顺利进行,因为我们无法用英语向对方介绍与我们文化相关的一些内容。另外,我们会失去很多向外传播中国优秀传统文化的机会。如果在跨文化交际中,我们在对自身文化发生失语现象的同时,却又一味地去迎合异域文化,没有了自我,其结果会导致文化认同危机,甚至最终被强势文化所同化、吞噬。

在我国的英语教学中,英语教材中的西方价值观占主导地位,中国传统文化内容严重短缺。英语作为西方文化的载体,自然体现西方的价值观念和意识形态。

以西方文化为主体的文化教学忽视了中国文化世界传播的重要性和必要性,不利于学生跨文化交际能力的提高和跨文化交际的有效进行。

因此,要客观辩证地评判异国文化,正确地欣赏和理解文化。单一地吸收、肯定或否定的态度都是不可取的。只有在正确的价值观和世界观的指导下,在深厚本土文化的基础之上学习、体验、对比、鉴别母语文化与目的语文化,才能正确理解、评判异国文化,才能实现真正意义上的跨文化交流。

五、学生层面问题

在外语教学中,教师是教学的主导,起着引导、指导的作用,而学生是学习的主体,在众多影响外语学习的因素中,学生是事关外语教学效果的内因,是学习成败的决定因素。学生的学习态度和动机决定了学生是否有积极的学习行为。

那么,我国大学生对跨文化学习的认识、态度与行为又如何呢?下面我们从学生层面对调查结果加以分析。

(一)学生对文化的定义和内涵缺乏了解和理解

学生对文化的认识只是停留在表面的层次,对文化的定义和内涵认识太肤浅、缺乏真正的了解和理解,根本不知道文化应该包含哪些方面的内容。

(二)学生对文化学习的概念模糊不清

学生对文化学习重要性并不真正十分明确,处于时而明白、时而糊涂、时左时右的状态。学生对文化学习的兴趣与态度高低不齐,没有形成统一的认识。不少的学生对文化问题不关心,缺乏思考或不愿费神思考,懒惰,缺乏责任感和评判意识。

(三)学生英语学习的目的受功利因素影响很大

文化内容基本不作为考试内容,学生学习英语的功利性程度太高,因而不重视文化内容的学习。学生对于英语文化的学习很被动,相当一部分学生学习英语是为了应付考试和为出国创造条件,并不是日常生活的积累或者兴趣使然,更谈不上为社会的进步和发展尽义务、做贡献。

许多企事业单位在招聘人员时往往把是否通过大学英语四、六级考试,是否拥有四、六级证书作为考核学生英语水平的标准和录用与否的重要条件之一。这就使得影响日益扩大的四、六级考试成绩似乎成了衡量学生英语水平的唯一标准。

学生对文化学习的重要性认识不足。我国大学生的学习目的往往与功利性要求紧密相连,学生学习英语的目的受功利思想影响比较严重,应付考试、获取文凭、就业便利、国外旅游、出国学习是学生看得见、摸得着的个人目标。

(四)学生学习缺乏主动性,自主学习能力低下

学生常常通过网络资讯和电视节目获得英语国家的文化知识,对于其他的英语文化知识的获取方式,如课本教材、新闻报纸、文学书籍、光盘和课堂教学,大多数学生只是"偶尔"采用,有很多人甚至是从来不用。这充分说明学生对于英语文化知识的学习缺乏自主性,同时学生文化学习的途径太狭窄,接触外国友人的机会太少,没有形成良好的文化学习的语言环境。

由于传统教学模式的长期影响,很多学生过于依赖英语教师,缺乏学习的自主性和目的性,课堂上习惯于教师的灌输式教学,缺乏互动意识。课外也不能够主动学习扩展知识,至于探索与创新更是无法谈起。

(五)学生不能正确处理语言学习与文化学习的关系

学生对跨文化交际不够了解,不能够认清语言学习与文化学习之间的正确关系,认为语法知识是英语学习的关键,但却不是有效沟通的必要条件。

第三节 大学英语跨文化教学问题成因分析

大学英语教师和学生对跨文化教学的重要性认识不够,教师的跨文化交际能力与跨文化教学方法方面存在很大问题。在实际教学中,教师们很少甚至有的基本不涉及文化内容,中国文化的导入则更少。英语教师们这样做,受到主客观各种因素的影响。随着我国综合国力和国际地位的提高,我们国家的国际交流与对外宣传工作日益广泛,国际交流中用英语来表达的需求越来越迫切。而大学英语跨文化教学问题重重,已经严重影响了我国对外交流政策的有效实施,必须引起高度重视,深入挖掘现存问题的根源,认真分析研究,找出症结所在,从根本上解决跨文化教学中存在的问题,促进跨文化外语教学深入有效的开展。

第四章 大学英语跨文化教学中的问题及成因

一、从外语教学层面分析

（一）教学理念偏颇、文化教学缺失、内容选择失衡

1. 教学理念偏颇

随着跨文化交际的发展，我国跨文化外语教学的重要意义受到更多人的关注，有关跨文化教学的理论研究和实践探索也得以日益丰富。但由于世界各国跨文化教育发展的基础和环境不尽相同，与欧美国家相比，我国跨文化外语教学研究和实践还刚刚起步，在研究深度、广度和系统性上明显不足。这一结果的主要原因在于我国没有重视跨文化外语教学的政策导向，有关跨文化教育的内容在教学大纲、教材、教法、测试等各教学环节基本缺失。

教师只是凭借自己的理解，或多或少地向学生介绍一些文化背景知识，文化教学完全缺乏指导、不成体系，这种肤浅片面的文化教学或许会在某种程度上起到提高跨文化交际能力的作用，但多数情况下反而会导致学生对文化狭隘、僵化的理解，甚至对异族文化产生偏见。

在大学英语教学活动很少涉及文化教学的众多影响因素中，教师因素是英语文化教学能否落实到位的关键。首先，教师自身文化培训与文化体验严重不足，文化意识淡薄，致使教师的文化知识严重短缺，所掌握的文化知识也只是星星点点，不成系统。其次，教师本身是传统英语教学的产物，其所接受的教育的思想观念根深蒂固，他所接受的只重视语言形式的教学方式和理念自然会在他自己的教学中体现出来，这是教学理念偏误的具体表现。课堂教学中，教师很少教授语言的语用规则和交际技巧与技能，对英语文化知识的介绍也不成体系，没有条理，只是点到为止；甚至有些教师对交际中的语言的得体性缺乏足够的认识，对社会环境等重要因素对交际、对学生能力培养所起的作用没有给予足够的重视；甚至还有教师认为文化教学没有必要。

2. 文化教学严重缺失

我国外语教学的重点长期以来始终放在对语音、语法、词汇的讲解、句法与语篇结构分析等语言知识体系方面的传授上，各种评估与测试也都相应地以此为中心进行。由于受许多语言学理论如传统语言学、结构语言学、转换生成语言学等的影响，我国大学英语教学界也把语言本身作为自己的研究对象，认为培养和提高语言能力就是大学英语教学的终极目标，因此确定了语言知识体系教学的培养模式。

多年来,每当谈及大学英语教学,人们就会自然而然地想起语音、词汇及语法等方面知识的传授,关于大学英语教学要培养学生什么能力,人们就会说出听、说、读、写、译五项基本语言技能的培养和训练,文化知识的传授和文化能力的培养几乎不被人提起,即使是被提到,也只是放在次而又次的位置,不受人重视。在各种考试中,强调的都是有关语言形式的正确性和流畅性,而对交际中起着重要作用的社会文化因素与语言运用的得体性、有效性却被忽略掉了。语言形式内的文化内涵得不到挖掘,交际规则得不到运用,单纯的语言知识的学习和语言技能的培训就如同无水之鱼,焕发不出生机,自然也就无法促使学生语言交际能力得到提高,英语教学的目标实难实现。

在我国的外语教育体系中,无论是小学、中学还是大学,无论是硕士生,还是博士生,衡量学生外语水平的办法就是考试,得分高低是外语水平高低的唯一标志。用考试来评测学生水平的高低倒也无可厚非,问题出在考试的方法和考核的内容上。由于在家长、老师、世人的眼里高分代表着好学生,高分代表着高水平,学生在英语学习中常常抛开了语言学习的特点,抛开了语言中蕴含的文化内涵,围绕考试题型,专门研究语法、词汇、语言点等考试必考项目,慢慢地,分数上来了,教师和学生都满意了,学生却张口闭口都说不出英语了,即使个别学生能说得顺畅、流利,也不见得用得得体、有效,能否顺利地进行跨文化交际也未可知。

这一问题长期困扰着我国的外语教学,致使经受多年外语教育的学生"出炉"之后综合运用语言的能力仍十分薄弱,他们可能掌握了很多语法规则和大量词汇,但却无法同外国人进行得体、有效的实际交流。

3. 内容选择失衡,中国传统文化教育欠缺

我国的外语教学大纲只设有词汇表、语法项目表、功能意念表以及语言技能表等项内容,是外语教学与测试的主要内容依据,但其中却没有文化项目表,没有对文化教学内容和文化测试做出规定、为其提供依据。这使外语教学内容的选择受到了很大影响。也因此,外语教学中语言教学长期独霸一方,文化教学长期被忽视受冷落。

近些年来,文化的学习必须融入语言学习当中去,二者必须紧密结合,这一点在我国外语教育界已得到普遍认同。人们对文化教学的认识有所增强,教学中文化教学内容有所增加,但注重介绍的都是目的语的文化知识,侧重强调外语学习中的母语负迁移,极少涉及中华优秀传统文化。而本族文化的学习与掌握会积极地促进对目的语文化的学习,学会用英语表达本族文化有利于本族文化的对外传播。目前,又出现一个新问题,就是外语文化教学中对目的语文化强调过多,对中国传

统文化重视不够,忽视母语及母语文化的正迁移作用,产生了"文化逆差"现象,中国传统文化教育欠缺,时间一长,就发生了"中国文化失语症"现象。

随着我国国力的日益增强,国家对外政治、经济、科技、文化方面的合作交流日益频繁。在国际文化交流中,中国文化的地位也日益提高,受到世界瞩目。中国不仅仅要输入文化,还要把中国文化传播到世界各地。这就要求外语教学要重视和满足中国文化的输出需求,在中国文化英语教学方面有所作为。在教学中,一些外语教师没有把中国文化纳入文化学习内容范畴,甚至还有教师在对比中西方文化时总是戴着有色眼镜,不无偏见地去赞美西方文化,贬低中国文化。这种做法违背了大学英语教学要求,会对学生文化素质培养产生负面影响,也严重影响了我国学生运用英语表达本民族文化的能力的培养。

(二)教学目标模糊不清

教育部颁布的《大学英语课程教学要求》,在教学目标、内容、方法、模式、手段、考评以及水平定位等方面与以前的教学大纲相比有了较大的变化。该要求指出大学英语教学应以培养学生的英语综合应用能力为目标,使学生能够在今后的学习、工作和社会交往中使用英语有效地进行交际,但对"学生的英语综合应用能力"要达到什么程度,怎样才算是"有效地进行交际"并没有明确的阐释,而只是一个比较模糊的描述。

该要求还把具体的英语教学目标分成三个层次,即一般要求、较高要求和更高要求,希望各高等学校根据本校实际情况以这三个要求为参照标准制定符合本校实际的大学英语教学文件。而教学实际表明大多数高校由于种种原因根本不可能根据本校的实际情况制定自己的教学要求。学生对英语并没有现实的需求,也无法预料毕业后从事什么样的职业和该职业对英语能力的具体要求,因此也不知道究竟为自己设立一个什么样的英语学习目标。而现实的要求却是在一年或一学期后参加英语四、六级考试。因此许多大学生最终就只能把通过英语四、六级作为大学英语学习的终极目标。前面的数据统计分析显示有些学生学习英语的目的仅仅是为了通过英语考试取得文凭。可见学生英语学习的目的基本处于混乱不清的状态。

很多学校的领导也没有把英语教学与本校人才培养的规格和要求有机地融为一体,而是把英语教学作为独立于其人才培养体系之外的一种额外要求,因此没有也不可能对本校的英语教学做出准确的定位。大部分大学英语教师只是模糊地知道课程标准的要求,而对具体的要求并不清楚,因此只能把教材内容作为教学的主要目标。相当部分的教师的大学英语教学处于盲目的状态,没有明确的教学理念,教学目的不够明确。有的老师甚至直接把让学生通过四、六级考试作为教学的目标。从这个意义上来讲,我国大多数高校的大学英语教学定位是模糊的,跨文化交际能力的培养更是没能提到日程上来。

(三)教学方法滞后,策略运用不合理

1. 教学方法陈旧

不能灵活、有效地运用各种外语教学方法实施跨文化教学。当前中国广泛使用的传统语法-翻译法和交际法相结合的教学方法对文化教学来说过于单一,在一定程度上妨碍了文化教学的开展。

教学方法上存在着模式单一的问题。在教学中,学生的主体作用和学生自主学习的程度呈现不够,学生合作学习的能力不强。教学方法很大程度上还停留在教师讲、学生听,教师放、学生看的层面。课内教学向课外延伸的语言交际活动开展不足。

近些年来,随着英语教学理论研究的深入开展,研究水平不断提高,新的教学方法不断被推出,并被外语教学所接受。许多大学英语教师认识和了解了交际法、认知法等一些新的教学方法的价值,并逐步尝试使用,但新的教学方法的应用还很有限,传统的教学方法仍占主导地位。教师们在教学内容中补充的相关跨文化知识或许会起到一定作用,学生对跨文化交际知识的掌握相对较好,但跨文化交际意识与跨文化技能的调查成绩总体偏低,反映出学生跨文化交际意识总体较弱,跨文化交际技能很欠缺,说明教学没能实现跨文化教学的态度、能力目标,学生无法从些许的跨文化知识中感受到跨文化交流的意义。

从教学时间的占用上看,语言教学仍是外语教学的主题。教师仍是课堂教学的中心,师生互动交流很少,内容主要集中于强调单词、语法和句子结构等方面的语言知识,文化因素没有得到足够的重视。教学以教材为中心,忽略了正确引导学生通过广泛的课外阅读获取跨文化交际知识、扩大知识涉猎领域,一言堂、灌输式的教学导致英语课堂沉闷无趣,学生英语学习的兴趣日渐丧失。久而久之,学生、教师彼此相看都感觉索然无味,这必然导致调查所显示的学生跨文化交际能力低下的结果。

2. 教学策略不合理

教师不能够成功地把最有效的学习策略、学习方法传授给学生是教学策略不

合理的一个突出的表现。如果学习者采取的行为或行动能够使他的语言学习更加成功、更加具有目的性,让他感觉更愉快,那么这种行为或行动就被称为"语言学习策略",分为两大类、六小类。

两大类包括直接策略和间接策略。直接策略又可分为记忆策略、认知策略和补偿策略,间接策略可以分为元认知策略、情感策略和社交策略。教会学生掌握良好的学习方法、培养学生养成良好的学习习惯、掌握卓有成效的学习策略是使学生学会学习、提高学习效率的关键,也是提高教学质量的关键。有研究表明,成功的学习者都善于运用和总结各种学习策略。而教学实际表明,能够较好地运用学习策略的学生并不在多数,很多学生并不知道什么样的学习策略能够帮助他们学习,因此他们的学习效率很低,这也从侧面说明教师在这一方面的传授和渗透非常少。

(四)语言环境与交际场景匮乏

文化学习环境包括自然环境和构建环境两种。前者指的是学习者目前所处的社会大环境,后者一般指的是学习者接受教育的课堂小环境。

众所周知,英语教学有 ESL 和 EFL 之分,两者的主要区别在于语言环境的不同。ESL 指的是在目的语言、社会和文化环境中的英语学习,如亚非移民在美国学英语,学习者周围有众多使用该语的本族语使用者。因此学习者除了课堂英语学习之外,还可以通过新闻媒介、官方文件和广告等形式接触目的语的语言和文化。然而,EFL 的学习者很难有这样的语言环境,他们主要以课堂教学为主要渠道。这两种社会文化环境对于学习者的语言和文化输入量以及学习动机都有很大的影响。首先,在两种社会文化环境中,语言和文化输入量有着明显的差别,而语言和文化输入量的多少又直接关系到学习者文化学习的效果。

ESL 为学习者提供了极好的文化体验和实践环境,有利于学习者从情感上习惯和接受文化差异,从目的语文化价值观的角度去理解目的语文化行为,学习者能够在认知、情感和行为各个层面获得全面发展。相对而言,EFL 只能通过角色表演、案例教学等手段来提高学习者的跨文化敏感性。此外,在两种社会文化环境中学习目的语文化,学习者的动机也有显著的差异。在 ESL 环境中,学习者为了适应主流文化,更好地与人相处,乃至更快地融入主流社会,他们都会利用各种机会学习目的语文化,学习效果显著。而在 EFL 环境中,由于缺少实践机会,学习者学习目的语文化的动力明显不足,效果也不显著。

许多研究表明,由于缺乏真实性,教室环境对于文化学习而言存在很多的局限性。教室环境是一个非自然的社区环境,因此基于教室的学习在本质上属于认知和推理层面的学习,无法深入到文化知识根基里去,其仅仅有益于对规则的学习,但无助于语言和文化的习得。在具体实践中,笔者认为利用多媒体和网络的虚拟真实环境可以弥补教室环境文化真实性的不足。网络环境下的文化学习,有利于学习者学习主体作用的发挥,最大限度地实现网络环境与课堂教学模式的有机结合。同时通过网络链接或运用新闻报道、电影、录像、光盘等真实材料把目的语国家活生生的文化带进语言教室,增强了教室环境的交互性与真实性,有效地激活了学生大脑中已有知识的图式结构,整合了他们所具有的多种知识和技能,促进了学生对所学文化知识的意义建构。

语言环境在外语学习过程中起着至关重要的作用,是对外语学习产生重要影响的一个关键因素。英语学习是人们在一定的语境下,通过口语或书面语相互交际的过程,它是在一定言语使用区域中进行的,绝不是一个孤立的学习过程。

语言需要在适当的语言环境中被操练和运用,用得多了,用得熟练了,自然而然就被掌握了。没有恰当、合适的语言环境,任何语言学习者都不可能学好语言,因为他无法把所学语言与实际语言交际场景结合起来。得不到实际应用的检验,所学语言就不能生动起来,不能适应灵活多变的语言环境。在中国的英语教学中,教师与学生所处的正是这样一种"不能生动起来"的语言环境,教师不是真正意义上的英语母语者,课堂内外教师与学生共有、共享的是同一种文化和语言,英语使用的机会非常之少。除了课堂上使用英语,有点英语学习的氛围之外,其他时间里,就很难感受到英语学习的气息了,学校和英语教师也没有什么好的办法在汉语环境里为学生创造较好的英语学习环境。从对教师的访谈中,我们了解到除个别教师由于工作关系与外教接触较多外,其他教师很少有与母语为英语的人进行交际的机会,学生则更是如此。由于缺乏学习英语的语言环境,学生的学习兴趣无法被充分地激发出来。

(五)应试教育普遍存在,素质教育推行不够

在我国现行的教育体制中,一直存在着两种声音:应试教育与素质教育。尽管大家都知道素质教育事关全民整体素质的提高,但总体来说,应试教育仍占上风。

1. 应试教育普遍存在

应试教育在我国的教育体制中由来已久,是一种以考试为目标的教育方式,在其引导下,教学过程往往围绕着试题的内容与形式来进行,学校、教师与学生都在为得到高分和好的名次而努力。在应试教育的影响下,英语教学的内容以及教学各环节的安排,都以考试为中心。这就使得教学过程形成了一种模式,即教师成为

教学的主体,负责讲授,而学生则成了被动的接受者,坐在了听众的位子上。教师大信息量的灌输都是围绕考试内容进行的,完全忽略了学生英语交际能力的培养。学生没有足够的时间消化大量的知识信息,所学知识没能转化为能力,许多高分低能的学生就这样被生产出来了。"哑巴"英语、"聋子"英语现象十分普遍。

从考试导向上来看,学生最为关注的英语四、六级考试以语言能力测试为主,极少涉及跨文化交际内容。因此,教师在教学过程中采取"填鸭式"教学,搞题海战术,甚至在讲解词与词之间的区别时,直接把四、六级的试题搬到课堂上,这种教学方式虽然对提高学生的考试成绩极为有效,但却严重脱离了语篇结构和语言的应用,语言教学成了名副其实的"应试教学"。学生在题海中掌握的是应试的技巧,不是语言的能力,文化意识的培养和人文精神的养成更是无从谈起。所以,应试教育无限放大了语言学习的工具价值,而忽视语言承载的文化精神。

应试教学现在在各级各类学校已成了正常现象,如果谁要真正搞素质教育,反而成了另类。学生从小学到初中,各种考试铺天盖地,高中情况更令人担忧,高考的压力使得平时所有的英语课堂教学基本上围绕高考进行。据说,教师如果在课堂讲一些与考试不是直接相关的内容甚至会遭到部分学生的抗议或抵制。到了大学,学生不但没有摆脱考试的纠缠,反而陷入更深的应试学习漩涡——参加四、六级考试和口译证书考试等外语考试以拿到证书,因为这些都是对大学毕业后找工作可能有用的证书。

走进多数书店,外语类图书一定三分天下有其一,而在所有的外语类图书中,应试书籍一定占80%以上。许多学生除了做习题以外,简直不知道还有什么别的外语学习方法。

2. 素质教育推行力度不够

上文提到大学英语四、六级考试早已成为全国大面积的统一考试,许多学校把是否通过四、六级考试同入党、评奖学金、评先进联系起来,还有的学校规定拿不到四、六级证书,就不能获取学位证书和毕业证书。如此教学完全置素质教育于不顾,又何谈提高学生综合素质,提高学生实际运用语言的能力呢?

素质教育是一种以素质为导向的教育方式,它以学生为主体,以促进学生身心发展为目标,以训练和培养能力为主要教学任务,旨在充分调动学生学习积极性和主动性。素质教育与应试教育有着本质的不同。大学英语素质教育一直努力在教学目标、教学内容、教学方式上进行改革,从以教师为中心转向以学生为主体,从注重学生分数的提高到加强学生的思想道德修养、从注重语言知识的传授转向加大文化知识学习的力度,注重培养学生的英语交际能力,以此来改变应试教育的种种弊端,但收效并不大,应试教育仍占上风。

二、从跨文化交际层面分析

来自不同文化背景的交际者在进行交际时,其不同的文化、不同的思维模式、不同的价值观念使得他们的交流、沟通难以产生统一、共鸣,还有可能导致交际的失败。跨文化交际所具有的与同文化内交际不同的特点,势必要给外语教学带来巨大的影响。

(一)对中英文化差异缺乏了解和理解

英国文化学者伯克曾告诫我们,不同文化相遇时,每种文化都可能会对其他文化的形象形成一种固定程序。该程序本身可能无可厚非,但它常常会对某些事实特征夸大其词,同时又全然忽略其他另外一些特征。由于这一模式被用于相互之间差异很大的文化状况,结果是不可避免地或多或少会缺乏细致周到而与事实真相有某些出入。

在我国,大学生进入大学之前一直在接受中国传统文化的教育,他们的思维方式、行为准则、道德规范等方面都已形成某种定势。大学生活开始后,面对开放的社会文化生活环境,西方文化的大量引入,西方文化、思想和价值观念冲击着大学生已有的文化定式。对文化差异缺乏了解和理解而产生的文化的冲突会使大学生在进行跨文化交流时遇到各种矛盾和问题而不能顺利进行跨文化交际。

所以说,社会文化方面的知识和能力的欠缺直接影响跨文化交流能力的提高。语言能力不足会影响跨文化交流的进行,而社会文化能力的不足则会使跨文化交际出现障碍直至冲突。

大学生的价值观虽已形成一定定式,但还不够完整,文化差异与冲突会对学生完整的价值观、世界观的形成产生很大影响。因此,外语教学要从跨文化视角客观公正地对待文化差异,在加强学生语言能力培养的同时,加强学生社会文化能力的培养,帮助学生正确对待文化差异与冲突,形成良好的世界观与价值观。

(二)受中西思维方式差异的影响

不同的民族以其特有的历史背景和文化传统生活在各自不同的地理环境中,自然形成其不同于他族的思维方式。不同民族的思维方式,必然显现不同的民族特征、时代特征、区域特征和社会特征,其风俗习惯与文化传统也不同于其他民族。

思维方式在语言与文化之间起着纽带连接的作用。思维方式集民族文化心理诸特征于一体,又对文化心理诸要素起着制约的作用。思维方式在民族文化的各个领域,如物质文化、精神文化、制度文化、行为文化等均有体现。不同民族思维方式上的差异,造成了民族间文化的差异。作为思维的主要工具和构成要素,语言对思维方式的形成和发展起着积极的促进作用。语言是思维的表现形式。语言差异的存在应归因于不同民族思维方式的不同。因此,对与语言和文化密切相关的思维方式的研究是研究语言与文化差异的前提与基础。

1. 中国的悟性思维与西方的理性思维

悟性思维与理性思维是两种基本的思维方式。中国人的思维呈现为悟性,西方人的思维则呈现为理性。悟性与理性具有不同的表现特征。悟性思维具有很强的形象性,表现出直觉性、形象性、整体性等特征。理性思维具有很强的逻辑性,表现出抽象性、客观性、分析性等特征。西方哲学思维方式本质上是理性主义的。中国人比较注重直觉、体验、领悟,其思维方式是悟性主义的。

中国人的悟性思维使中国人侧重强调主体,常以分析综合的形式改造表象,直觉地认识事物的内在本质和规律。西方人的理性思维则侧重部分与具体,注重分析和实证,长于严密的推理分析。中国人的悟性努力将悟性主体与被悟对象主客合一。中国的悟性认为借助语言符号难以领悟被悟对象的本意,强调悟性主体对被悟对象的直接领悟,中国人的悟性和西方的理性必然表现在中西文化的各个方面。

2. 思维差异的影响

英语民族和汉语民族的思维方式的不同自然会导致文化上的差异,影响跨文化交际的进行。中国学生常常会忽视中西方文化差异的存在,把中国式的思维直接带到英语表达中去,迫使交际对方以与自己相同的方式进行思维。在观察其他文化时,中国学生又会以本族文化模式来理解和解释异族的文化行为。正是这种错误的认知,导致了跨文化交际中的歧义和误解,在特定的语境下则可能诱发深度的文化对立,给跨文化交流带来诸多不便。

(三)受中西方价值观差异的影响

价值观是一种影响人们对行动模式、方式和目的做出选择的特有的显性或隐性的观念。价值观是跨文化交际的核心,不理解价值观方面的差异就不能真正理解跨文化交际。若忽视价值观念在交际中的潜在影响,就会造成交际障碍。

在同文化内的交流中,在衡量对方的言行时,人们大多会采用规范的价值标准。不同的文化有着各自不同的规范价值标准,这些价值标准在其本族内很适用,却不适用于其他社会群体。因而,这些价值观在跨文化交流中不具备统一、维系的作用。每个文化群体都有权决定和保留自己的生活方式、保留自己的文化传统,都有权保持自己的文化特色。人们在跨文化交际中发生障碍和冲突不是因为不能接受对方,而是因为对彼此的价值观念不够理解和认同而引起理解偏误。这种偏误未必引起激烈的利益冲突,但在特定的语境下却会产生深刻的文化对立。

可见,东西方价值观的差异也会给我国外语教学带来影响。在跨文化交际中,语言方面的错误可以得到容忍和谅解,而违反交际的准则、无视东西方价值观的差异的人却会被看作举止不雅、有失礼貌。语言的许多方面都会体现东西方价值观的差异,这是跨文化交际存在障碍的一个重要原因,也是跨文化外语教学不能忽略的一个重要方面。

目前中国外语教师和学生的观念以及他们的教学能力和学习能力与跨文化外语教学的要求相距甚远。本章分析了中国大学英语跨文化教学现状,发现在教师、教材、学生层面存在突出问题,发现传统中国文化价值严重缺失,并从外语教学和跨文化交际层面分析了问题存在的原因,进一步强调了外语跨文化教学改革的必要性和紧迫性。

制约我国大学英语跨文化教学的因素很多,有传统教育理念的影响,有语言文化环境的束缚、有应试教育的桎梏,有中西文化差异、不同的思维方式和不同的价值观所带来的影响。最主要的还是理念问题,尤其是决定大学英语教学政策的领导的理念。大学英语需要注重学生素质的培养和文化视野的开拓,需要加强跨文化交际能力的培养以适应新的历史时期对人才的需求。

外语跨文化教学涉及国家的教育管理部门,涉及国家政治和经济发展,涉及国家的国际形象和国际地位,我们应该本着对社会负责的精神,认真研究中国外语教学的需求和特点,有效地开展外语跨文化教学。

第五章　英语教学中的跨文化能力培养

在关于跨文化能力内涵的实证研究中,专家们强调,仅仅掌握好英语以及相应的专业知识还不能保证跨文化合作有效和成功地进行。他们的经验表明,很多跨文化合作的失败不是语言障碍造成的,而是缘于合作双方跨文化能力的欠缺。贝内特将掌握一门语言的语言体系,却不懂该语言体系背后所蕴含的文化内容的人称为"流利的傻瓜"。她强调,这些人尽管懂得交际对象的语言,但是由于不理解他们的价值观,常常陷入交际的麻烦中,久而久之,就可能对交际对象形成负面、消极的看法。

《欧洲语言共同参考框架》规定,学习外语者应当具有跨文化能力,根据该参考框架,跨文化能力包括以下方面:在本国文化与外国文化之间建立联系的能力;对文化意念的敏感性;能辨别并运用不同策略与异域文化的人进行交际的能力;在本国文化与外国文化之间扮演文化中介角色的能力,能有效处理文化误解和冲突的能力;超越表面的定型观念的能力。

而在中国的英语教学中,跨文化英语教学的理念尚处于萌芽期,无论是理论构建还是课堂教学都远远落后于西方各国,对跨文化能力的培养更是缺少具体的培养方案。在为数不多的进行跨文化英语教学的高校中,大多数课堂教学更多地注重文化知识的传授,把文化简化为"4F":food, fairs, folklore and statistical facts。

本章将在前文的基础上,阐述以跨文化能力培养为导向的英语专业培养大纲应涉及的层面和应涵盖的内容,进而探讨跨文化教育与教学中教师的角色与作用以及跨文化能力培养路径与策略。

第一节　以跨文化能力培养为导向的英语
　　　　　专业培养大纲

1998年8月,高等学校外语专业教学指导委员会颁发了《关于外语专业面向21世纪本科教育改革的若干意见》,该文件对于重新明确我国高校外语专业人才培养目标有重要指导意义。但是该文件并未明确提到"跨文化能力"的培养,只是在对21世纪外语人才必备条件的描述中间接提到。该文件指出,"概括起来讲,21世纪的外语人才应该具有以下五个方面的特征:扎实的基本功、宽广的知识面、一定的专业知识、较强的能力和较好的素质"。在对"能力"的进一步定义中,文件强调"能力主要是指获取知识的能力、运用知识的能力、分析问题的能力、独立提出见解的能力和创新的能力",同时对外语专业学生在工作中的运用能力进行了概括,认为该能力"主要指能够从事不同文化间交流与合作的能力、交际能力、协作能力、适应工作的能力、独立提出建议和讨论问题的能力、组织能力、知人处事的能力、灵活应变的能力等"。上述能力可以被看作前文所描述的"跨文化能力"发展的重要基础能力。

2000年5月,《高等学校英语专业英语教学大纲》颁布,该大纲在教学原则中首次提出了"注重培养跨文化交际能力"的内容,要求教师在专业课的教学过程中注重培养学生对文化的敏感性、宽容性及处理文化差异的灵活性。2004年1月,教育部颁布的《大学英语课程教学要求(试行)》也在教学性质和目标以及教学要求中提出了跨文化交际方面的内容。

跨文化交际能力的培养开始受到英语界的普遍关注。修订的《高等学校英语专业英语教学大纲》规定,在大学英语教学中要注意培养学生的跨文化交际能力。这种能力除包括正确运用语言的能力外,还包括对异文化的敏感性和容忍度,以及灵活处理文化差异的能力。该大纲要求教师在课堂上应适时适度地导入相关的文化知识,以达到培养学生跨文化交际能力的目的。

在《高等学校英语专业英语教学大纲》的"课程设置"中,对高年级阶段的规定为:进一步扩大知识面,增强对文化差异的敏感性,提高综合运用英语进行交际的能力。在"教学原则"中提出"注重培养跨文化交际能力。在专业课程的教学中要注重培养学生对文化差异的敏感性、宽容性以及处理文化差异的灵活性"。

上述英语专业教学大纲中对高校英语专业学生能力培养的描述,部分涵盖了关于跨文化能力内涵的实证研究部分所阐述的促进跨文化能力发展的关键能力。但是在很多其他的专业教学大纲中,基础阶段和高年级阶段仅关注听、说、读、写、译等基本能力,没有提到跨文化能力。

总体来说,现行的英语专业培养大纲虽然强调了跨文化交际能力的培养,但是还远远不能满足现在人们所描述的多层面开放型跨文化能力培养路径的需要。这里需要强调的是,跨文化能力不是独立于学习之外的一种附加能力,更不是与听说读写译并行的第六种英语技能,跨文化能力的培养不可能仅仅通过英语课程或国情课程来实现,而是应贯穿于所有课程,成为指导培养大纲的核心思想。

在英语专业的教学大纲中，可以针对以下方面着重培养学生的跨文化能力。

一、培养文化多元主义观念

对母文化和英语文化持积极开放的态度，对母文化和英语文化有好奇心和探索精神。

对母文化有批判与反思能力。能够意识到民族中心主义思想的存在并有意识地加以克服，在跨文化交际中，能常常对自己和他人的思维方式、行为方式进行反思，并更好地理解母文化和个人文化参考框架。对人们对异文化常有的刻板印象有所意识，并努力加以克服。

具有文化敏察力与移情能力，能够发现和尊重英语文化与母文化的差异，并理解出现这些差异的原因。善于理解与己不同的英语文化成员，并尊重他们，对文化不做优劣的评价。

二、对母文化和异文化有全面深入的认知和理解

愿意和善于不断学习和研究母文化，对中国文化有认同感，能批判地吸收异文化精髓、弘扬中国优秀文化传统。愿意和善于不断学习和研究英语文化，熟悉英语国家的国情，对英语文化的历史、现状、文化特点等有较全面和深入的了解。了解中国与英语国家的文化差异及交往历史和现状。善于对母文化和英语文化的文化现象进行长期观察、分析和反思。

善于学习和研究有关跨文化交际的理论，了解文化的基本特点和功能，了解语言与文化的关系，了解重要的文化分析模式，具有思考能力和批判能力，掌握跨文化分析方法。

具有思考能力和批判能力，能将英语文化与母文化以及其他文化进行比较分析。

三、具有跨文化行为能力

掌握英语专业知识，如文学、语言学知识，掌握英语发音、语法规则，掌握丰富的适用于各种交际情境的词汇、语言表达与修辞方式，能用英语准确恰当地表达各种情态、达到各种交流意图。

了解英语文化的言语和非言语交际风格及其主要特征，了解英语文化影响跨文化交际的文化基本因素，愿意和善于与英语文化成员接触，在跨文化语境下，能

恰当有效地与英语文化成员进行交际。

在交际出现困难或突发情况时,能采用相应策略确保交际的有效和成功。具有跨文化适应能力,能够在异文化环境中长期生活,能够根据不同的跨文化交际场景和对象调整自己的跨文化行为。

具有跨文化团队合作能力,能与来自不同文化和亚文化的团队成员和谐相处、有效合作。具有求同能力,在跨文化交际中,能找出异文化与中国文化相同、相似和相通的地方并有效加以利用。具有跨文化沟通能力,能够和善于充当中国人和英语文化成员的中介人,作为文化传播者,能向英语文化成员介绍他们感兴趣的中国文化的各个方面,能够在中国和英语国文化之间有效处理跨文化误解与纠纷。具有文化协同能力,能通过跨文化交际,把母文化与异文化融合成为"第三文化"。

第二节　跨文化教育教学中教师的角色与作用

跨文化英语教学是以学生为中心、以学习过程为中心、重体验、以跨文化能力综合培养为目的的教学方式。要实现这样的教学方式,英语教师起着至关重要的作用。

要培养英语专业学生的跨文化能力,英语教师也必须不断提高自己的跨文化能力。庄恩平认为,应对实施跨文化英语教学法的教师进行四方面的培训:对跨文化教学法的理解与探讨、跨文化交际能力、对文化交际学科的了解与课堂组织应变能力。笔者认为,英语教师跨文化英语教育与教学能力可以包括情感、认知、行为能力三个方面。

英语教师的跨文化教育与教学之情感能力:英语教师应不断反思自己的母文化的参考框架,反思母文化对自己和学生思维和行为方式的影响,反思自己对英语文化的态度,发现并克服对异文化的偏见和刻板印象,克服民族中心主义思想。愿意不断进行学习和跨文化学习,尊重异文化,包括尊重其价值观、思维和行为方式,具有包容心、跨文化敏察力和移情能力。教师不但需要具有上述情感能力,还需要具备培养这些情感能力的教学能力。同时教师应激发学生的跨文化学习积极性,发现学生的个性特征,并根据这些特征引导他们的跨文化学习,培养其跨文化能力。

英语教师的跨文化教育与教学之认知能力:英语教师必须不断积累、丰富和更新对异文化的了解和理解,不断进行跨文化理论和实践研究,不断内化和深化跨文化教育与教学的理念,并将其应用于英语教学实践。同时,英语教师也应不断加深对母文化的认知和理解,并引导学生认识母文化和异文化之间的共同点和差异,培养学生求同存异的能力。

英语教师的跨文化教育与教学之行为能力:不断丰富和总结跨文化实践经验,寻找和收集跨文化教学材料和案例,促进英语教学与跨文化实践的紧密结合,培养学生应用跨文化理论与知识,思考、分析和解决跨文化交际中出现的问题。善于将跨文化教学融入英语教学中,采用多种教学方法和手段,利用教材并同时不断对教材进行更新和补充,设计和组织跨文化课堂教学活动,为学生创造各种跨文化学习机会,增强学生跨文化理解和敏察的能力,同时善于培养学生用英语进行恰当、成功的跨文化交际。如前所述,培养英语专业学生的跨文化能力,重在培养学生的跨文化学习能力,即教师在跨文化教学和教育上应具有"授之以渔"的能力。

总体来说,英语教师不仅应能够向学生传授文化和跨文化交际理论知识、培养他们对母文化的认同、对英语文化的尊重,同时应该为学生创造跨文化体验和实践的机会,使得他们能在英语学习过程中不断提高自己的跨文化能力。

李俊芬通过实证研究发现,我国英语教师对中国传统文化缺乏了解,存在"中国文化缺失"的现象。对母文化的认知和理解、对母文化的传播能力等是英语专业学生跨文化能力的重要组成部分。因此,英语教师也应该对中国文化有深入的了解,并通过英语教学培养学生对母文化的认同和批判自省力、培养他们的双向跨文化交际能力,充当中国文化和英语文化沟通的桥梁。

除此之外,英语教师还应研究并尊重中国学生英语和跨文化学习的特点,在此基础上,以适当的方式、方法和手段培养学生的跨文化能力。

对英语专业学生的跨文化教育和教学,不可能仅靠个别教师来实现,而是需要系统的培养方案与教学方案设计和实施,需要教师之间的合作,以便将跨文化能力培养融合到英语学生培养的各课程、各阶段中。

在大学的教师培训和进修中,不仅应该提高其英语水平和教学能力,同时应当注重提高教师的跨文化能力,并提高他们通过科学的教学方法和多样的教学手段系统培养学生跨文化能力的能力。

大部分英语专业的学生在大学学习阶段很少有机会到英语国家亲身体会异文化,他们对英语文化了解的重要来源是英语专业教师。鉴于此,各大学应定期为英语教师提供赴英语国家进修和研究的机会,以帮助他们不断深化和更新对英语文化的了解和理解。目前国家留学基金委及一些国家的官方机构为中国的访问学者提供赴国外研究的奖学金,但是这些奖学金对申请者的层次、专业研究水平等都要求很高；而在高校从事基础阶段英语教学的教师很多都是青年教师，他们很难申请到上述奖学金。另一个问题是，上述奖学金一般是支持科学研究项目，而不是专门针对跨文化英语教学方法进修的。因此，笔者认为，有必要更多地为高校英语教师提供短期赴英语国家进行跨文化进修和研究、包括进行跨文化英语教学法进修和研究的机会。

此外，还应当鼓励高校英语教师积极利用网络资源，通过网络中来自英语国家的视频、音频、文字媒体资料（尤其是新闻报道），不断了解英语国家的发展变化，同时提高英语专业教师的多媒体应用能力，鼓励其选择网络素材应用于跨文化英语教学。

出于英语教学的特点，尤其是跨文化英语教学的需要，应鼓励高校英语教学专业更多地引进外籍教师。来自英语国家的外籍教师除了对其文化有深入全面的了解之外，他们与学生的互动本身就是跨文化交际，这就能为跨文化学习提供很多宝贵的机会。但是目前在我国引进外籍教师还比较困难，而与此同时，越来越多的外国人，尤其是年轻人愿意到中国来工作和生活，尤其是中国的高校备受来华外国人青睐。因此，笔者建议，一方面应该为高校英语专业创造条件，使得这些专业有条件引进高水平的、具有较强跨文化能力尤其是跨文化教学能力的外籍教师；同时，也可以鼓励高校英语专业邀请国外年轻的学者包括大学毕业生来担任外教，因为这样的年轻人与中国大学生年龄相近，容易营造积极的跨文化交流氛围，提高中国英语专业学生的跨文化学习积极性。中国高校的英语专业可以与英语国家的官方机构合作，长期设立青年外教岗位，这些岗位可以将教授英语与学习汉语、中国文化相结合，以吸引对中国文化感兴趣、有跨文化英语教学能力的外国人的参与，一方面促进中外跨文化交际，另一方面也丰富和改善我国的跨文化英语教学。

第三节　跨文化能力培养路径与策略

对于英语专业的学生来说，掌握好英语很重要，这是培养跨文化能力的重要工具和途径。英语专业学生毕业之后，不但可以成为两种不同语言的沟通者，同时也可以成为母文化和异文化的沟通者。专家们指出，跨文化合作中的很多问题矛盾和冲突归根结底是源于双方不同的文化背景，因此，在跨文化实践中，那些能自如"行走"于母文化和异文化之间的人是很多企业与机构急需的人才。

基于本书通过实证研究建立的跨文化能力多层面开放型发展模型，要培养英语专业大学生的跨文化能力,就是要通过英语教学:①促进学生文化多元主义思想的发展;②促进学生对母文化和异文化全面深入的认知和理解;③培养学生自觉、恰当、有效的跨文化行为能力。并且在英语教学中,将这三个层面有机系统地融入教学之中,同时培养学生的跨文化学习能力。

跨文化交际的结果是不同的因素共同作用的结果。跨文化交际的过程不是静态的而是动态的,交际者双方是相互作用的。因此,在英语专业学生的跨文化教育与教学中,教师不可能向学生传授适合所有跨文化交际场合的灵方妙法,只能培养学生跨文化交际的态度和关键能力,培养他们独立地、有创造性地进行跨文化交际的能力。

下面就英语专业学生以上三个层面的培养目标进行具体描述,并对实现这些培养目标的路径进行分析、提出建议。

一、促进学生文化多元主义思想的发展

促进文化多元主义思想发展:对异文化的积极态度(宽容、开明、尊重)、移情能力、敏察力、多视角看待问题的能力。因此,培养英语专业大学生的跨文化能力可以重点从以下几个方面开展。

(一)培养学生积极看待异文化并促进其对自我价值的认识

对于英语专业大学生来说,他们大多对异文化只有粗浅了解,也少有与来自英语国文化中成员的交往。因此,应当引导学生在跨文化交际发生之前和进行当中,先假设来自异文化的对方是善意的,是寻求与自己的理解和交流的,假设异文化和中国文化在深层次上有很多共同点。这样积极地看待异文化及其成员的态度也会影响到跨文化交际的对方,促进双方的好感与信任感的建立,形成一种有益的跨文化交际场景,促进跨文化交际的良性循环。这样,在这个过程中,即使出现文化差异或令人困惑的情况,双方也能遵从与人为善的原则共同找到解决办法。

要培养英语专业学生对英语文化的积极态度,使他们对自己尚不了解的陌生的人和事物首先假设其为"善"和"好"的,这种思想符合对中国文化产生重要影响的儒家思想的"性本善"说,如《三字经》就开宗明义地强调:"人之初,性本善;性相近,习相远。"引申到跨文化交际中,我们可以理解为,不同文化中的成员其本性首先是善的,虽然各文化的习俗、表象有差异,但是人们的本性是相通相融的。有了这样积极的假设,即使在跨文化交际中遇到困惑、矛盾甚至冲突,也会让人有信心去面对、去解决。

相反,如果在跨文化交际尚未进行之前,就假设来自异文化的他者是"性本恶",处处疑心、设防、过分敏感、封闭自己甚至主动攻击对方,这样就会对自己的跨文化行为产生极其负面的影响,很容易导致"自我实现的预言"。

在访谈中,一些专家指出,如果一个人对自身价值认识不足甚至对自己感到自卑,那么他也很难积极地看待异文化。因为如果一个人连对自己都认识不足,便不能理解与自己存在差异的他人,不能主动、自如地去了解他人的思维方式和规范。学生只有充分认识到自我的价值,才更容易向来自异文化的人开放自己。相反,如果过于自卑,则会在跨文化交际中态度被动或反应过度敏感。

民族中心主义思想的另一个极端是文化自卑感,这种自卑感也不利于文化多元主义观念的形成。比如在不少英语专业大学生中存在着这样的现象,即他们对美国、英国和其他欧洲国家极端崇拜,对中国文化妄自菲薄,这种现象被称为逆向民族中心主义思想,这种思想是严重妨碍学生的跨文化能力发展的。

如前文所述,跨文化能力不是独立于人们个性之外的一种附加能力,而是个性的有机组成部分。所以,要培养英语专业学生的跨文化能力,就应当促进学生个性的发展,引导他们积极看待自我,并帮助他们实现自我价值。因此,在英语教学中,教师应当充分尊重学生,尊重他们的个性,应当给学生留有发展和展示其个性的空间,鼓励学生提出独立的见解,帮助学生充分发挥各自的优势,培养他们的独立人格,帮助他们不断发展和实现自我价值。

大学教育应注重人文性和教育性,应将人才培养置于"素质教育"框架之中,使大学生在个人整体素质和个性发展方面得到最大限度的提高。

(二)鼓励学生勇于探索母文化与英语文化

很多专家指出,如果对异文化怀有浓厚的兴趣,则更有助于人们设身处地地去理解异文化的成员,有助于培养跨文化移情能力。因此,要培养英语专业学生的跨文化能力,应当培养他们对于新事物的好奇心和勇于探索的精神。应当让学生领悟到,学习就是对安全感的放弃,应当培养学生不将新事物和陌异的环境看作是危险和威胁,而是看作拓宽眼界、发展个性的机会。

探新求异在我们中国的教育过程中一直受到忽视,很多大学生可能是考试高手,但大多怯于探索新事物,这也是多年应试教育所产生的结果。要培养英语专业学生的跨文化能力,很重要的一点就是要培养学生对母文化和异文化的兴趣,如孔子在《论语》中言:"知之者不如好之者,好之者不如乐之者。"所以,应当鼓励学生始终保持对异文化的好奇心和了解文化之间相同处与差异性的广泛兴趣,促使他们愿意与异文化成员交往并共享知识与信息。

在教学过程中,教师应当帮助学生了解一些其他国家文化与中国文化的主要差异,使他们对于跨文化交际有足够的心理准备。但同时应当向学生指出,其他国家文化中也有许多与中国文化相同或相似的地方,比如很多价值观是很多文化共有的,只不过这些价值观的重要程度在各个文化中不尽相同,并且这些价值观通过不同的形式表现出来。

在专业英语教学过程中,为了提高学生对英语文化的兴趣,应当注重利用各种媒体将英语文化以丰富多彩的形式展示出来,增进学生对目的语文化积极、全面的感性认识,激发其探索文化的兴趣,以便促使学生在不断的探索过程中培养跨文化宽容度和移情能力,同时培养他们对英语文化的尊重和跨文化敏感性。

(三)培养学生多视角看待问题的能力

很多研究表明,产生文化之间的误解和冲突的重要原因在于,人们大多会戴着母文化的眼镜看世界,把母文化的思维方式、行为方式、价值观等看作是放之四海而皆准的。因此,在培养英语专业学生的跨文化能力过程中,应当帮助他们意识到自己身上所存在的民族中心主义思想,并通过教学和实践逐步加以克服。

理解他人基于自我理解,首先可以帮助学生批判性地审视自己惯常的思维方式、行为方式和价值观,使学生认识到每一个人都是受到生活在其间的文化的影响的。学习者对潜移默化形成的价值观和参考框架进行反思和质疑,这种自我反思能减少或消除民族中心主义思想。因此,有必要首先引导学生分析文化对自我的影响,培养文化省思能力,比如分析自己在何种程度上受家庭、所属集体、教育、社会、价值观、传统等的影响。通过自我分析,学生可以认识到民族中心主义思想的存在,并在一定程度上加以克服,从而不以母文化的"有色眼镜"看待另一种文化。

一般来说,只要没有离开自己熟知的文化环境,人们是很难意识到自己身上民族中心主义思想的存在的,因此,应当鼓励学生到新的、陌异的文化环境中去,鼓励他们去接触和认识不同的文化世界。中国是一个多民族多亚文化的国家,可以首先鼓励学生利用假期到少数民族地区,了解当地的文化,也可以建议学生到与自己熟悉的生活环境完全不同的地方,去考察和体会不同的生活,如来自城市的学生与来自农村的同学各自到对方的家庭生活一段时间。学生可以将他们的体验记录下来,还可以通过电子杂志把这些体验用生动的形式记录下来,互相分享。

当然,与来自另一国家的成员进行真正意义上的跨文化交际与实践,更能帮助学生克服民族中心主义思想,培养学生多角度看问题的能力。特别是与来自英语国家成员的跨文化交际实践对英语专业的中国学生来说尤为珍贵。

通过这样的体验和交流,可以帮助学生看到不同的生活方式有其各自合理的背景,帮助他们对自己司空见惯的"标准"进行反思,使他们看到自己的生活方式和价值观不是唯一正确的,同时也培养他们的宽容心和多视角看待问题的能力。

此外,尽量了解不同国家的成员对中国文化的看法也有利于克服民族中心主义思想。我国少部分高校英语专业所开设的"外国人看中国文化"等课程就有助于启发学生多视角批判性地看待自己的母文化,从而促进其文化多元主义思想的形成和发展。

在对英语文化特别是该文化中所使用的言语表达的理解方面,应当培养学生不以"中国人之心度外国人之语言表达",不用中国文化的"有色眼镜"看英语文化成员的交际方式。应使学生学会在跨文化交际的同时也跨出母文化的思维定式,从更新、更高的角度甚至多维度来理解异文化的人和他们的言语表达。这种方式不会使人丧失对母文化的认同感,而会加深和改善对母文化、对他人、对外界的认识。

在培养英语专业学生跨文化能力的过程中,要培养他们从新的视角,即从超越母文化和异文化的跨文化视角,用第三只眼睛审视英语文化,如王志强所指出的,"我们在理解他我文化时应超越本我文化视角,用介于本我文化和他我文化之间的新认知视角,即用第三只眼睛审视本我文化和他我文化"。他这里指的第三只眼睛是介于母文化和异文化之间的、独立的第三认知点。

英语专业的学生大多是以一门英语为主要学习对象,应当引导学生扩大跨文化视野,从了解和理解中国文化、英语文化,到对更多的文化有所了解和研究,以形成国际化的视野,具备对多元文化的敏感性,提高跨文化实践能力。

以上的建议可以为培养学生的文化多元主义思想打下很好的基础。这样,随着英语学习的不断进步、对英语文化更多更深入的了解、越来越多的跨文化经验的积累,学生们就会更加尊重异文化,更加理解相应的英语文化成员的价值观、思维和行为方式,从而不断提高自己的跨文化能力。

(四)培养学生的文化敏察力和跨文化移情能力

一个具有较强文化敏察力(又称文化敏感性)的人,对跨文化交际过程中的文化异同、轻重缓急、敏感地带等十分敏感。跨文化能力培养的一个重要方面就是培养学生的跨文化敏察力,使其了解和掌握异文化的主要价值观、思维方式和行为方式,具有对异文化基本特征的感性和理性分析能力。培养学生的文化敏察力,就是培养他们对文化表层的现象有敏锐的感知和觉察,同时培养他们探究和分析文化表层现象背后的文化深层原因和本质的能力。

文化敏察力不是与生俱来的,而是需要通过学习形成的。文化敏察力的培养需要由表及里、由浅入深、循序渐进地发展。在英语专业学生跨文化能力发展的初期,可以训练他们对处于文化表层的母文化和异文化基本特征进行观察与描述,训练他们发现常人不易发现的事物与现象。在此基础上,引导他们对所感知到的事物与现象进行文化比较和文化深层次原因分析,同时学习多视角看待和分析问题,尤其学习从异文化成员的视角来感知、判断和分析事物和问题,提高跨文化移情能力。

跨文化移情能力是指尽量站在来自另一文化的他者的立场去思考、去体验、去进行跨文化交际,就是"己所不欲,勿施于人",是"己欲立而立人,己欲达而达人"。培养跨文化移情能力,就是要跨越和超越母文化的局限,使自己处于异文化成员的位置和思维方式,设身处地地感悟对方的境遇,理解对方的思维和感情,从而达到移情或同感的境界。

跨文化移情能力也包括站在对方的角度来理解其交际的意图。这种移情能力是建立在对交际伙伴的文化有深入和多方面了解和理解的基础之上的。因此,要培养跨文化移情能力必须加强对异文化的学习。

培养英语专业学生的跨文化移情能力还包括帮助他们认识到来自异文化的成员可能感知到自己不曾感知到的东西,看到他们对所感知到的东西可能有与自己不同的诠释。

二、促进学生对母文化和英语文化全面深入的认知和理解

专家们认为,促进这一过程发展的关键能力有:对母文化和对异文化的了解和认识、对跨文化交际的了解和认识、理解能力、思维能力、批判能力。因此,可以从以下几个方面来促进学生在这一层面的跨文化能力的发展。

(一)拓宽和加深英语专业学生对中国文化的认知和理解

很多专家指出,对母文化的全面和深刻的认识是了解异文化的重要前提。英语专业学生对中国文化的了解,将是他们在跨文化合作职业实践中极大的优势,因为很多在华的国际企业正是希望利用中国员工对中国文化的了解来寻求符合中国国情的解决方案,期望他们在中外跨文化交流中起桥梁的作用,从而实现这些企业在华投资的目标。因此,促进中国英语专业大学生对母文化全面深入的认知和理

解、培养他们向异文化的成员传播中国文化的能力至关重要。只有在了解了中国文化的基础上，才能客观地看待中国文化，认识到中国文化中的认知、思维和行为方式不是放之四海而皆准的，从而提高对异文化的敏察力和宽容度，提高跨文化能力。

培养英语专业学生的跨文化能力不仅在于提高他们的英语语言交际能力，同时需要他们了解英语国家的文化，但这绝不意味着要他们把中国文化的根拔出来，离开母文化的土壤，在完全"跨"国的文化土壤上重新生长，而是要在两种文化之间起桥梁的作用。正如民族中心主义有碍于跨文化能力的培养一样，对母文化的无知，甚至对自己文化认同感的放弃同样会妨碍跨文化交际的进行，如雷买利所指出的那样："缺失了母文化，跨文化将无从谈起。只有对母文化充满自豪和自信，才有可能在跨文化交际中处于平等地位。否则，只能沦为异文化的附庸和奴仆。"对母文化的历史渊源、本民族典型的价值观、思维方式、行为方式等有深刻的认识和反思会有助于我们了解自己的文化烙印，增强跨文化敏察力，提高在中外文化之间进行跨文化沟通的能力。了解自己的文化是培养跨文化能力的第一步。

正如孟凡臣所述，通过激励学生对母文化进行反思，去认识那些影响自身价值观的社会条件。只有意识到个人固有的价值标准是由自身历史经验形成的结果，个体才更容易认识到自我认同中所形成的自认为理所当然的文化价值观，并通过对母文化和异文化价值标准的比较，认识到自身文化标准的文化中心主义特征，从而能移情于异文化的价值标准。

要了解中国文化，必须了解中国的文化传统、价值体系、影响中国文化的因素等。同时，在跨文化交际中，中国文化所遵循的一些价值观和处事方式可以为跨文化交际提供许多积极的参考，从而为跨文化交际研究提供新的视角。

如前所述，应当加强英语专业学生对中国历史文化的了解和研究，开设一些中国国学的选修课，通过对中国文化的学习，尤其是通过对中国文化中积极的核心价值观内容的学习，增强学生的母文化价值感和民族自尊心，提高学生的文化素质和学养，增强他们弘扬中国传统文化的意识和主动性。理解和认同母文化可以帮助学生理解和尊重其他的文化，进一步拓展自己的跨文化心理空间，对文化的多元性展现出一种大度，形成兼容并蓄的跨文化人格。同时使学生在跨文化交际中成为有价值、受欢迎的交际伙伴，因为异文化成员在与中国学生交流过程中，大多希望对中国文化有更广泛和深入的了解。

需要指出的是，了解中国文化不仅包括了解中国传统文化的精髓、了解中国的主流文化，同时也包括了解中国丰富多彩的亚文化。很多在国际企业工作的中国员工所面对的服务对象大多是中国人,而二者因属于不同的亚文化而不同。了解中国文化的多层次性可以帮助人们成功地进行跨文化交际,做好中国文化和异文化沟通的桥梁。

对大学生来说,了解中国文化、将中国文化的精髓贯穿到跨文化交际中、强化学生的人文精神,提高他们的人文素质,培养他们在中外文化之间的沟通能力,可以极大促进他们跨文化能力的提高,同时也为促进真正意义上的跨文化对话作出贡献。

在英语教学中,应当训练学生描述、分析和传播中国文化的发展历史、核心价值观、思维方式和行为方式的英语表达能力,培养他们对中国文化与英语国家文化各方面进行比较的能力,同时也帮助他们学习用异文化成员的眼光来审视中国文化,从而使他们能从不同角度认知和理解中国文化。

(二)学习英语文化

语言本身就是文化的一部分,但仅仅具有英语能力并不意味着具有跨文化交际能力。对英语文化背景的了解可以促进对英语的理解。在英语教学中,要使得学生尽量真实切近和全面地感知到英语文化,将涉及这一文化的历史、社会、经济、政治、生活方式等方面的内容融合到英语教学之中,在这一过程中,应当注意到,文化是不断发展变化的。同时,同一时代的文化也是有不同层次、多个方面的,应当培养学生以发展的眼光多视角地认知和分析英语文化,帮助他们克服偏见,并避免他们对异文化产生刻板印象。因此,应当从历时性和共时性两个方面同时将英语国家文化融入英语教学。

在此基础上,还要培养学生学习对英语国家的文化做全局的把握,即先宏观地了解英语文化,再从中观(比如地域文化、某一领域的特征、各时代人的不同特征)和微观的(比如异文化成员的个性特征)层面观察、分析和理解它,最后达到宏观、中观和微观的整体了解和理解。

当然,以上所描述的全面了解和理解某一异文化是一个循序渐进的过程,对于跨文化经验尚不丰富的学生来说,对某一国家的文化了解比较肤浅笼统,或是对这些了解充满矛盾和困惑,这些现象都是跨文化学习过程中出现的正常现象,作为教师应当帮助和引导学生来处理这些问题。正如一位专家谈到的:"了解一个国家的文化,就好比在一个陌生的城市旅行,你首先会去参观那些名街大道,随着你对这个城市的了解,你就会有更多的勇气和兴趣去探索那些一般的旅行者不去的小街僻巷。"

了解某一异文化的过程就是首先培养对这一文化的兴趣和好奇心,通过不断的学习、观察和思考增强观察力、判断力,尤其是增强多视角、多层次认知异文化的能力,以不断培养全方位了解和理解异文化的能力。

英语专业学生在学习英语文化的过程中,首先常常看到这些文化与中国文化存在差异的地方,这一点自然是重要的,但同时,学生们也要尝试找到异文化与中国文化在文化深层次的共同点,在了解"习相远"的同时,也要把握那些"性相近"的文化共同价值。如前文所述,在"求同"的基础上"存异"对于培养跨文化能力至关重要。

要深入了解英语文化,除了用中国人的眼光以及异文化成员的眼光来认知分析这一文化之外,还可以通过阅读和讨论的方式分析其他文化的成员是怎样看待和评价这一文化的,从而使学生获得对这一文化的更加深入全面的认知和理解。

此外,我们应当看到,文化知识是永无止境的,绝不可能将某一对象国的文化知识完全传授给学生,而且也没有此必要,重要的是传授态度、观念、策略和方法。

(三)跨文化交际理论的学习与文化比较

要培养英语专业学生的跨文化能力,在帮助他们深入全面地认识和理解中国文化和英语文化的同时,还应当向他们传授有关文化学和跨文化交际学的理论知识、研究方法和重要研究成果,包括文化的特征、文化的发展规律、跨文化交际的特点和规律,描写和分析文化的方法、工具、模型等。应当了解和批判性地分析目前比较有代表性的文化和跨文化交际理论和模式,比如霍尔的跨文化分析模式、霍夫斯泰德的文化维度理论、琼潘纳斯和特纳的文化维度理论等。

事实上,越来越多的大学都开设了"跨文化交际"课程,这里需要强调的是,不要仅仅照搬西方的理论,而是应当在吸纳这些理论的同时,构建中国自己的跨文化交际理论体系。这种文化比较一般是指主流文化的比较,因为把握了一个民族总的思维方式和价值取向,便容易理解和解释许多其他层次的文化现象。

在跨文化交际理论的指导下,可以引导学生利用所学的文化分析方法,对英语国家文化与中国文化进行比较。这种比较应包括国民性格、价值观、思维方式、行为方式、习俗规范、时间观、空间观、非言语交际方式等方面。尝试让学生挑选不同的主题对中国和英语国家文化的某一方面进行比较和分析,找出异同,引导学生收集显示文化异同的数据和案例(在收集过程中学生也能锻炼其文化敏察力和批判性思维),并尝试去探究导致差异的深层次文化原因(可指导学生提出假设,再在理论研究的指导下,通过科学的方法得出结论。在这一过程中,培养学生的分析和解决问题的能力),之后建议以研讨会的形式将结果进行演示和报告。

以上所描述的文化比较应当看成是学生跨文化学习过程的一个重要环节,在文化比较的某个专题研究结束后,要帮助学生对其跨文化学习进行总结(包括理论和方法总结),可建议学生准备一专门的文化比较文件夹,以影响跨文化交际的不同基本因素为主题,不断丰富相关的资料。

也可开设比较中外文化的课程,将中华文化与世界上影响较大的主流文化如欧洲文化、美国文化等进行对比研究,促进学生跨文化能力的提高。但是,需要提醒学生注意的是,这样两种国家文化的比较只起一种参考作用,在进行跨文化交际的时候,还要对具体的参与跨文化交际的人和跨文化语境进行具体的分析,这里可以鼓励学生将跨文化交际理论知识应用于实践,比如可以引导学生对跨文化交际的某些实例进行分析,从中外两种文化的角度来阐释有关的交际情境,分析交际参与者的思维和行为方式,作出交际预测,就各个交际层面以及影响交际的因素进行分析和讨论。

在不同文化的比较中,人们往往会强调文化的差异。这里需要特别注意的是,应当引导学生发现异文化与中国文化深层次上的"共同点"。从学习心理学的角度,找到这些共同点是很有意义的,因为很多大学生缺乏跨文化经验,而受中国教育体制的影响,青年人往往缺乏探索新生事物的勇气,如果过于强调异文化与中国文化的差异,大学生们就会在与异文化成员进行交际之前有畏惧感;相反,如果找到了文化之间的共同点,则会使跨文化交际更容易开展起来。

当然这种对比不可能包罗万象,重要的是对学生在方法学方面的培养,启发学生通过对一些文化主题的探讨,加强学生的文化敏感性、自我认识以及对异文化中人的认识,并提高其认知能力、超越自身文化的局限。

上述的文化分析和跨文化比较并不一定要求学生达到很高的科研水平,重要的是让学生在分析和比较的过程中培养跨文化敏察力,培养对跨文化交际研究方法的应用。

最后需要强调的是,对母文化和对英语国家文化的认识和理解不是相互无关的,而是应当紧密相连,始终融合、相互促进的。

(四)融通中外文化

在欧美很多语言中,"交际"一词来源于拉丁语,其原意有"共同分享""互相沟通""共同参与"的意思,也意味着交际是交际伙伴的相互沟通、分享信息的过程。所以如果在跨文化交际中不会用英语来表达和传播母文化,跨文化交际就成了单向的文化流动,就不能成为真正意义上的"跨文化交际"。交际的双方只有互通有无,才能使交际顺利进行。

在克拉姆契看来,英语教学应当是学习者与英语母语者之间的平等对话。通过对话,学习者可以发现在说话和思维方式上他们与异文化成员的相同点和差异。在这种情况下,英语学习者才能以他们自己本来的身份而不是以有着这样那样缺陷的英语使用者身份来使用英语。

所以对于学生来说,跨文化能力的重要表现是能在母文化与异文化之间起桥梁作用,就是要用英语来表达自己的观点,包括向英语文化成员传达母文化。在交际的过程中,要充分达到"共同分享""相互沟通",要达到这一目的,其重要前提是深入全面地了解和理解母文化和英语文化。

在英语教学中,不但应当重视用英语来叙述英语国家的文化、社会、政治和经济现象,同时也要培养学生用英语向对象国成员阐述中国文化渊源、价值观、思维方式、行为方式、社会现象等的能力,从而提高其跨文化交际能力。

英语专业学生不应被培养为崇洋媚外的民族虚无主义者,也不应是因循守旧的狭隘民族主义者,而是应当被培养成文化使者,培养他们在吸收异文化精髓的同时,也能弘扬中国文化,在跨文化交际与合作中,通过自己的跨文化能力,既让中国了解世界,又让世界了解中国。

(五)"拿来"与"送去"

培养英语专业大学生跨文化能力的最终目的并不是使学生在思维方式和行为方式等方面变得和异文化成员一样,而是使他们既能理解和吸纳异文化,又能在跨文化交际中传播中国文化的精髓,使学生由被动地在跨文化交际中尽量避免文化冲突,变为主动地寻求文化之间的共性,并积极利用文化的差异,找到解决问题的新方式。

对于西方文化,鲁迅先生曾提倡"拿来主义"。20世纪80年代,季羡林提出了"送去主义",即在"拿来"的同时,向西方传播我们中国文化的精华。笔者认为,不管是拿来,还是送去,都不是原封不动地照搬,而是在既忠实于中国文化又尊重异文化的基础上,由参与跨文化交际的双方共同创造和构建一种新的文化,因此,跨文化能力尤其是跨文化沟通能力就更为重要,这也是我国英语专业教学发展的新契机。

培养英语专业大学生的跨文化能力不是要用东方中心论代替西方中心论,传播母文化与吸纳异文化不是相互矛盾,而是相辅相成的。跨文化的开放和对话有助于我们认识到自己文化、思维方式和认知上的盲点,通过学习异文化,可以拓展学生的思维空间,增加思维深度,促进他们从新的视角认识中国文化。同时,对中国文化的深刻了解与认识有助于学生提高其跨文化交际能力。

三、培养英语专业学生的跨文化行为能力

专家们指出,促进跨文化行为能力发展的关键能力和个性特征有适应能力、独立行为能力与责任心、灵活性、跨文化交际能力(尤其是英语能力)、团队合作精神、求同存异的能力、文化协同能力、文化沟通能力。培养学生的跨文化行为能力主要可以从以下几个方面来开展。

(一) 培养跨文化交际能力以及"就交际本身进行沟通的能力"

要培养学生的跨文化能力,英语能力至关重要。毋庸置疑,对于大学英语教学来说,培养学生的英语能力和跨文化交际能力是其中心任务。英语学习的最终目的是利用英语进行跨文化交际。在英语教学中,应当不再以培养学生成为 native speaker 为目标,而要培养他们成为具有双重文化人格的 intercultural speaker。而跨文化交际者有着那些仅仅掌握一门语言的"母语者"所没有的优势,即他们对自己文化的掌握和在中外文化之间进行跨文化交际和传播的能力。

英语专业学生需要知道的是,学习英语本身并不是最终目的,重要的是利用英语进行跨文化交际。而中国学生在学习英语时,往往非常重视词汇和语法,因为害怕犯错误而不敢交际,这样的做法无异于舍本逐末。

在以培养跨文化交际能力为目标的培养方针指导下,英语主要被看作是交际的工具。在课堂上可以通过各种教学形式来引导学生利用英语认识和理解英语文化、传播中国文化、对中国和英语文化进行分析比较、对跨文化交际进行准备、预测、引导,以达到令双方满意的有效的跨文化交际。同时也应培养学生利用英语与来自该语言国家的成员建立和维护信任关系的能力、表达不同意见的能力、通过沟通处理问题和矛盾的能力。

在交际的四个层面中,言语交际在跨文化交际中起着核心的作用。跨文化交际也是人际交往,对人的了解与研究也至关重要。不同文化之间的交流和交往大多是由个人来承担的,这就要求个人要有很强的交际能力、广博的中外知识和积极的交往态度,即使在复杂的跨文化交际场合中,也能随机应变、因势利导、掌握主动。

英语教学应当向学生传授跨文化交际策略,如:

（1）吸引对方与自己交际、寻找共同话题；

（2）营造宽松的交流氛围，不但善于言语交际，同时善于积极地倾听和交际引导；

（3）善于观察和分析交际中对方的背景、交际目的、思维方式、行为方式等，并在此基础上调整自己的行为；

（4）保持跨文化敏感，善于捕捉信息传递中的偏差和有可能出现的误解。

需要指出的是，除了培养学生在言语表达方面的熟练和丰富程度之外，还应当提醒学生注意交际的非言语因素和言语外因素，如眼神、手势、体态、对时间和空间的处理、交际媒体等。

跨文化合作的关键往往就在于跨文化交际是否恰当和畅通，在这一背景下，他们都强调"就交际本身进行沟通的能力"的重要性。就交际本身进行沟通的能力是指对交际本身进行交际的能力，即将交际的形式、内容等作为谈话的内容，比如可以与来自英语文化的成员就以下与交际本身相关的问题进行沟通：

（1）"我不知道我这么说是否贴切？"

（2）"希望我刚才说的没有冒犯到您。"

（3）"我刚才表达得不够确切，请让我换个方式再说一次……"

（4）"您刚才所讲的意思是否是……？"

就交际本身进行沟通的能力也包括与交际伙伴事先约定交际规则，如约定每次会谈的主要内容用文字的形式记录下来，在讨论过程中就事不就人，在对方未说完之前不要打断他等。通过对交际进行沟通，可以提高交际的效率，避免误解的产生，保障交际的成效。因此，应鼓励学生有意识地将英语作为工具，将交际本身作为交际的内容，主动避免跨文化交际过程中有可能出现的误解、障碍甚至冲突，有意识地疏通跨文化交际的渠道，提高交际的效用，促进和改善跨文化交际。

在培养英语专业大学生的跨文化交际能力以及就交际本身进行沟通的能力的过程中，教师应当在英语教学的课堂中设计不同的交际场景，以提高学生的跨文化交际能力。应当将以教师为中心、以知识传授为中心的教学形式发展为以学生为中心、以交际为中心的教学互动形式。

（二）培养英语专业学生在求同的基础上存异的能力

不同的文化之间不仅仅存在差别，同时也具有很多相同点，找到文化之间的共同点是跨文化合作取得成功的重要基础，"求同存异"也是跨文化合作中行之有效的策略和方法。

在全球化的今天，求同的策略也是全球化发展的需要。人类面对着很多共同的问题，需要在"同"的基础上去共同解决。同时，"求同"符合中国文化的核心价值观，中国人的大同世界观不仅认为天下一家，且视天地万物为一体。在跨文化交际与合作过程中"求同"，符合中国文化中的"世界大同"的价值观，是创建和谐的跨文化关系的重要途径。

我们知道，在跨文化交际与合作过程中，人们会遇到比在单一文化中要复杂得多的问题。尤其在跨文化交际的双方对彼此还缺乏了解和信任的情况下，"求同存异"可以帮助人们克服陌生感，克服对陌生文化的生疏甚至恐惧，寻找自己所熟悉的东西，增强与来自异文化的合作伙伴进一步交流的勇气，增强对跨文化交际与合作的信心，并将跨文化合作进行下去。在"求同"的基础之上，即使看到文化差异的存在也不会气馁，不会踯躅不前。因此，"求同存异"可以使人们的跨文化行为由被动变为主动，是处理纷繁复杂的跨文化交际问题、解决各种矛盾卓有成效的策略。

培养学生求同存异的能力还包括引导学生认识到，文化差异并不一定会自动导致文化冲突。如贾文键所指出，不能将跨文化交际过程中出现的所有问题都归咎于文化差异，要看到文化之间的共同点和相似点，以便找到跨文化沟通的基础。

需要指出的是，"求同"并不是意味要否认和忽视文化之间差异的存在，或是刻意回避差异，更不意味着放弃自己的文化一味地追求与异文化的一致。

不同的文化之间既有"性相近"，又有"习相远"，它们是同一事物的不同方面，构成整体。"异""同"相互关联、不断变化，求同存异，是对"非此即彼"的二元论的批判，承认"同"与"异"同样存在，并且同中有异，异中有同。

（三）培养学生的跨文化协同能力与团队合作能力

在英语专业学生跨文化能力培养过程中，要引导学生观察和发现异文化和中国文化的差异、产生这些差异的原因以及处理这些差异的策略、方法与途径。

跨文化交际研究学科的一个重要原则是认为不同的文化是平等的。在坚持这一原则的同时，学生们也应当看到，与此同时存在的情况是，地位和角色的不同也会影响跨文化交际。比如在华的跨国企业中，很多的高管人员都是来自另一国家，在中国雇员与这些外国高管人员的跨文化交际过程中，双方权力的不平衡往往被诠释为文化的不平等，所以往往得出"美国人太自以为是了"等结论。教师应当帮助学生认识到这些差异主要是由权力距离造成的，而不能归咎于文化。

民族中心主义思想是普遍存在的，文化优越感也是自然现象，而一个国家政治、经济实力越强越会促进这种文化优越感表现出来。学生们应当学习正确对待这一现象,同时又不滋长自己的民族中心主义趋向。

不同文化之间的差异也是可以对跨文化交际与合作起到积极作用的,不同文化之间的影响与融合,可以给文化带来新的生命力。差异往往可以是对母文化的补充和丰富,借鉴其他文化,可以使母文化获得新的发展。因此文化之间的差异并不可怕。事实上,中国文化的发展过程本身也是求同存异的结果,是母文化融合外来文化而不断发展的成功例证。因此应当培养学生学习在跨文化团队中,多向他人学习,将中国文化与英语文化中的差异加以利用,创造出一种"第三种文化",从而使不同的文化融合在一起产生文化协同效果。

要引导英语专业学生寻求异文化和中国文化的共同点和处理文化之间差异的平衡。学生不仅仅要学习尽量减少与异文化成员跨文化交际中的误会、避免冲突,还要变被动为主动,积极寻求不同文化之间的共同点,以此作为跨文化合作的重要基础,同时尊重各种文化的独特性和多样性,尊重不同的价值观、思维方式和行为方式的和谐共存,积极地、建设性地处理文化之间的差异,并利用这些文化差异,寻求跨文化协同效应。因为我们在跨文化交际中,不需要追求以文化之间的"同"压倒"异","求同"与"存异"是可以协调存在的。

在跨文化职业实践中,人们往往需要与不同文化背景的同事或伙伴合作,团队合作能力具有重要意义。因此,在英语教学中,应当注重培养学生的团队合作能力,比如可以以一些跨文化实践项目为主导,安排学生针对不同的跨文化主题在课外进行调研,使学生通过具体的与有跨文化经验的中国人或是英语国家成员的跨文化接触,培养其跨文化行为能力。这样的调研项目可以分组进行,以便培养学生的团队合作能力与责任心,在英语课堂上,学生可以展示和陈述他们的调研结果,并就相关的主题与其他学生展开讨论。

四、培养英语专业学生的跨文化自主学习能力

跨文化能力不可能仅仅通过课堂教学或是几次实践活动就一劳永逸地获得,而是需要在终身学习的过程中不断培养和发展起来的。在这个过程中,乐于学习的态度和善于学习的能力起着核心的作用,因此,在对英语专业学生的跨文化教育和教学中,应当更加注重跨文化学习方法学的学习,帮助学生积累应对各种跨文化交际中出现问题的策略、方式和方法,并灵活运用,从而提高其跨文化自主学习的能力。

张红玲认为自主学习能力应该包括行为(学习者参与管理自己的学习,对学

习进行规划、监督和评价)、心理(学习者对自己的学习有较强的意识,善于反思)、情感层面(学习者对学习充满好奇心和自信,具有较强的学习动力)、方法(学习者掌握多种适合自己的学习方法,并能根据需要灵活应用,同时愿意探索新方法)和应用(学习者有能力将所学知识和技能加以应用)五个层面。她认为应当将这五个层面作为英语教学的重点之一。

心理层面的自主学习能力也可以被看作是乐于学习的态度,这种态度是受学习动机影响的。英语专业学生跨文化学习的内部动机包括:对英语文化的向往,对英语文化成员价值观、生活方式等的浓厚兴趣;希望学习一些新奇的、与众不同的东西;希望系统地、科学地研究英语文化与母文化的异同;希望通过对英语和英语文化的学习拓宽自己的视野,更好地促进自我实现,等等。英语专业学生跨文化学习的外部动因包括:提高自己的职场竞争力,希望到跨国企业工作,希望更好地与英语文化成员相处,与其进行有效、成功的跨文化交际与合作等。在对英语专业学生的跨文化教育与教学中,应当激发学生主动发现和意识到他们的跨文化学习动机,并增强和丰富这些动机。

在跨文化能力培养过程中,乐于学习的态度和善于学习的能力包括能自主地对跨文化学习做出系统的计划、实施计划并对学习的过程和结果进行检验,也包括寻找出适合自己的学习策略与方法。具体可以包括:

(1)定期对自己的跨文化能力发展做出自我评估并请他人对自己的跨文化能力进行评估;

(2)针对上述跨文化能力评估结果做出进一步提高跨文化能力的计划并实施;

(3)具有为自己寻找和营造跨文化交际场景的能力;

(4)具有关系构建和维护能力,能在自己的学习、生活和工作中寻找合适的跨文化交际伙伴并与之建立长期的友好关系,以便在实践中不断地进行跨文化学习;

(5)能对各种跨文化交际策略进行尝试和总结分析,探索出适合自己、同时又适应各种交际伙伴和交际场景的策略。

跨文化自主学习能力还包括媒体应用能力。多媒体和互联网的发展为跨文化学习能力的培养带来很多新机遇和可能性,传统的英语教学方式受到挑战,学生课外自主学习与课堂教学的时间比将大大提高。在这样的背景下,学生根据自己的计划和设计来自主学习就显得尤为重要。

培养跨文化自主学习能力也包括学生自己对学习的材料、内容进行收集和总结,比如格言与谚语的收集就能很好地增加英语专业学生的跨文化学习乐趣,同时在这种收集的过程中,学生可以培养自己对英语和跨文化学习的管理能力和自主学习能力。格言与谚语是文化的积淀和生动反映,每一种文化、每一个民族都有自己特有的格言和谚语,它们生动地"描述"和传达了文化深层次的价值观、思维方式、社会关系、时间观、空间观等。通过学习和分析格言谚语,学生可以更深入地了解和理解英语文化。同时格言与谚语语言往往精练优美,可以提高学生对英语学习的兴趣;同时对格言与谚语的灵活应用又可以提高学生的英语表达能力,从而提高其跨文化交际能力。

参考文献

[1] 毕继万. 跨文化非语言交际[M]. 北京:外语教学与研究出版社,1999.

[2] 蔡龙权. 关于把隐喻性表达作为外语交际能力的思考[J]. 外语与外语教学,2005(6):78-80.

[3] 陈俊森,樊葳葳,钟华. 跨文化交际与外语教育[M]. 武汉:华中科技大学出版社,2006.

[4] 陈俊森,樊葳葳. 外国文化与跨文化交际[M]. 武汉:华中科技大学出版社,2000.

[5] 陈申. 外语教育中的文化教学[M]. 北京:北京语言文化大学出版社,1999.

[6] 褚孝泉. 语言哲学[M]. 上海:上海三联书店,1991.

[7] 程晓堂. 论自主学习[J]. 学科教育,1999(9):32-39.

[8] 邓炎昌,刘润清. 语言与文化[M]. 北京:外语教学与研究出版社,1997.

[9] 董莉. 中西隐喻的文化含义之比较[J]. 河北师范大学学报(哲学社会科学版),2006(5):56-57.

[10] 杜学增. 中英(英语国家)文化习俗比较[M]. 北京:外语教学与研究出版社,1999.

[11] 戴晓东. 跨文化交际理论[M]. 上海:上海外语教育出版社,2011.

[12] 杜平,姚连兵. 跨文化交际教程[M]. 北京:中国人民大学出版社,2015.

[13] 高一虹,文化定型与跨文化交际悖论[J]. 外语教学与研究,1995(2):36-37.

[14] 高一虹. 我国英语教师的文化依附矛盾[J]. 北京大学学报. 英语语言文学专刊,1991(1):89-90.

[15] 顾嘉祖,陆昇. 语言与文化[M]. 上海:上海外语教育出版社,2005.

[16] 顾曰国. 礼貌、语用与文化[J]. 外语教学与研究,1992(4):67-68.

[17] 顾芸英. 交际能力与语用学原则[J]. 外语教学与研究,1986(3):68-69.

[18] 关世杰. 跨文化交流学:提高涉外交流能力的学问[M]. 北京:北京大学出版社,1995.

[19]高一虹.跨文化交际能力的培养:"跨越"与"超越"[J].外语与外语教学,2006(2).

[20]顾琦一.输出假说剖析[J].外语学刊,2006(2):77-83.

[21]郭坤.全球化背景下大学英语跨文化教学研究[M].成都:电子科技大学出版社,2016.

[22]郭霞,尚秀叶.大学英语写作与修辞[M].北京:冶金工业出版社,2008.

[23]郭继荣,王非.跨文化交际能力培养和研究生英语课程体系的构建[J].学位与研究生教育,2009(04):47-49.

[24]何兆熊,梅德明.现代语言学[M].北京:外语教学与研究出版社,1999.

[25]胡春洞,英语教学法[M].北京:高等教育出版社,2001.

[26]胡文仲,杜学增.中英文化习俗比较[M].北京:外语教学与研究出版社,1999.

[27]胡文仲,跨文化交际学概论[M].北京:外语教学与研究出版社,1999.

[28]胡文仲.文化与交际[M].北京:外语教学与研究出版社,1994.

[29]华泉坤,盛学莪.英语典故词典[M].北京:商务印书馆,2001.

[30]霍尔.无声的语言[M].侯勇,译,北京:中国对外翻译出版公司,1996.

[31]韩呼和.关于跨文化视角下的英语翻译策略[J].高教学刊,2017(6):191-192.

[32]黄瑛,寇英.中国高校英语专业跨文化交际课程教学初探[J].山东外语教学,2010,31(5):3-8.

[33]侯晓宁.建构主义理论视角下的大学英语教学模式研究[D].长春:长春理工大学,2012.

[34]黄超群.跨文化交际在初中英语教学中的渗透[J].吉首大学学报(社会科学版),2013,34(S2):220-221.

[35]贾玉新.跨文化交际学[M].上海:上海外语教育出版社,1997.

[36]姜守明,洪霞.西方文化史[M].北京:科学出版社,2004.

[37]姜志伟,罗德喜,李啸.点击英美文化[M].北京:中国书籍出版社,2004.

[38]姜志伟,罗德喜,李啸.英美文化链接[M].北京:中国书籍出版社,2004.

[39]教育部高等教育司.大学英语课程教学要求[M].北京:外语教学与研究出版社,2008.

[40]李国南.英语中的委婉语[J].外国语,1989(3):68-69.

[41]李佳琪.无敌成语典故[M].北京:外文出版社,2004.